Tribo ADOLESCENTE

Sexo, namoro, camisinha, gravidez e outras dúvidas

Marcos Ribeiro
e David Lucas

Tribo
ADOLESCENTE

Sexo,
namoro,
camisinha,
gravidez
e outras
dúvidas

Planeta Jovem

Copyright © Marcos Ribeiro e David Lucas, 2012

PREPARAÇÃO DE TEXTO: Nair Kayo
REVISÃO DE PROVAS: Guilherme Kroll
CAPA E PROJETO GRÁFICO: Thiago Sousa / all4type.com.br
DIAGRAMAÇÃO: all4type.com.br
ILUSTRAÇÃO: Vagner Coelho

CIP-Brasil. Catalogação-na-fonte
Sindicato Nacional dos Editores de Livros, RJ

R37t   Ribeiro, Marcos, 1962-
         Tribo adolescente / Marcos Ribeiro. - São Paulo : Planeta, 2012.

       ISBN 978-85-7665-833-7

       1. Literatura infantojuvenil brasileira. I. Título.

12-0957.   CDD: 028.5
                                            CDU: 087.5

2012
Todos os direitos desta edição reservados
à EDITORA PLANETA DO BRASIL LTDA.
Avenida Francisco Matarazzo, 1500 | 3º andar | conj. 32 B
Edifício New York | 05001-100 | São Paulo – SP
www.editoraplaneta.com.br
vendas@editoraplaneta.com.br

A
minha família: Aline Peixoto, Denise Peixoto e, em especial, a
meu pai, David Rangel, que sempre me incentivou a buscar
conhecimento através da leitura.

Fernando Cesar Ranzeiro de Bragança,
por me orientar e ser parceiro pra caramba
quando pintavam as dúvidas.

David Lucas

A
Sandra Regina de O. Ferreira,
Amiga que está sempre por perto,
com o sorriso que abraça.

Lidia Maria Maciel de Souza
Naira Barbalho Fernandes
Paulo Cesar Fernandes
Amigos que acolhem, caminham juntos
e estão do lado esquerdo do peito.

Marcos Ribeiro

Agradecimentos

À jornalista Rosiane Rodrigues, responsável pela pesquisa histórica.

À professora Christina Gonçalves, pela revisão no conteúdo de biologia.

Aos profissionais das escolas onde realizamos os debates sobre sexo e adolescência com os alunos:
Colégio Instituto São João Baptista (Méier, RJ)
Professora Rosângela Vieira
Leandro Cardoso
Diretoria do Colégio

Colégio Ação 1 (Unidade de Cascadura, RJ)
Professora Noemia Casanovas
Professora Andréa Pasche
Diretoria do Colégio

A todos os alunos que participaram dos debates das duas escolas citadas, onde colhemos material para este livro.

Ao Bruno Tupan, Leonam Thurler, Gabriel Naegele e Clara Gurgel por lerem antecipadamente o livro para avaliar o seu conteúdo para os adolescentes.

A todos os funcionários da Editora Planeta, da limpeza à diretoria, que cada um na sua função, direta ou indiretamente, trabalham para que o saber, através dos livros, esteja nas mãos de cada um de nós.
Em especial Soraia Luana Reis (Diretora Editorial), importantíssima nesse trabalho; Lilia Zambon (nossa editora) por toda dedicação e empenho para que este livro chegasse às mãos de vocês; Maria Luiza Poleti e Marina Bernard, pela parceria; e por último, mas não menos importantes: Thiago Sousa (projeto gráfico); Vagner Coelho (ilustrações) e Guilherme Kroll e Nair Kayo (revisores deste trabalho).

Sumário

9   Prefácio

11   Introdução – O livro das nossas coisas

13   Capítulo 1 – Tribo adolescente

21   Capítulo 2 – Tribo do corpo

45   Capítulo 3 – A tribo de garotos e garotas

59   Capítulo 4 – Tribo que namora e... anda ficando

69   Capítulo 5 – Tribo da camisinha & cia

91   Capítulo 6 – Tribo que não dá bobeira pra gravidez

111 Capítulo 7 – Tribo da diversidade

125 Capítulo 8 – A tribo se despede... Mas logo está de volta!

Prefácio

Fazer educação sexual não é uma tarefa fácil. Há que se ter em mente que a sexualidade é da ordem da sensação; depois da emoção e por último da razão. Então, não é pelo caminho do falatório que se consegue estimular alguém a pensar sobre o assunto. A conversa tem que ser *de verdade*, aquela que traduz o que se sente, sentindo, e vai chegando, como um papo entre amigos, como quem não quer nada e ao final, tudo quer.

Lendo *Tribo Adolescente*, a impressão que se tem é que, embora o texto seja voltado para os jovens, respeitando suas "tribos", há uma linguagem maior, que todos entendemos. O pai lê e entende, o educador lê e compreende, o jovem lê e adora! O livro é um delicioso bate-papo!

Em se tratando de sexualidade, embora haja uma grande variedade de tribos, uma diversidade sexual e comportamental incrível, elas fazem parte de duas grandes tribos: as que querem se humanizar e as que preferem manter-se estagnadas, repletas de pré-conceitos. E o livro desses dois caras incríveis faz parte da primeira grande tribo: a que tem como valor mais precioso o respeito à humanidade, que não julga pelo que parece, que compartilha o que se sabe, que escuta o outro para reconhecer sua verdadeira necessidade. *Tribo Adolescente* é resultado de um processo que começou no sentir e se encaminhou para o pensar: do jovem para o jovem, do adulto para o jovem e vice-versa: a porção de adolescência e maturidade que habita em todos nós.

Finalmente penso que para fazer educação sexual, mais do que informar é preciso *estar junto*. O Marcos que eu conheço há um tempão, sempre foi um educador que esteve junto, em todas as suas atividades, de mãos dadas com sua plateia, com seus colegas, amigos e educandos. Ele não só produz livros incríveis, ele está lá em cada linha, pois dialoga com o leitor a partir de sua própria existência. E agora ele está junto ao David, esse jovem cheio de carisma e já tão engajado em transmitir conceitos e reflexões que só vão ajudar no caminho de todos os que tiverem contato com o texto.

Para mim há uma grande diferença entre ser humano ou ser um pé de couve. Infelizmente há humanos que, na minha visão, são como pé de couve. Ou de brócolis, se for de seu gosto. Marcos Ribeiro e Davi Lucas são humanos. E da melhor espécie.

ANA CANOSA
PSICÓLOGA. SEXÓLOGA.
COORDENADORA DA PÓS-GRADUAÇÃO EM EDUCAÇÃO SEXUAL DO
CENTRO UNIVERSITÁRIO SALESIANO DE SÃO PAULO (UNISAL).

Introdução

O livro das nossas coisas

É isso mesmo! E a gente fica superfeliz de você ter começado a ler o livro **Tribo Adolescente** agora, porque acreditamos que você poderá encontrar aqui a resposta para uma porção de coisas, daquelas que nem sempre são tão fáceis falar a respeito, principalmente porque ainda existe muita vergonha quando o papo é sobre sexo.

Quando chega a adolescência, *caraca!*, a cabeça parece um liquidificador: são dúvidas, perguntas sem respostas, gente que vem com uma conversinha cheia de preconceito e, além disso, o coração que fica batendo pelo colega da sala de aula ou o garoto que está superapaixonado, mas tem vergonha de dizer para não ser zoado pelos colegas.

Uma coisa bacana que queremos que você saiba é que não estamos aqui para dar "lição de moral", mas sim conversar sobre uma porção de temas importantes que é preciso saber, para que o seu dia a dia seja bem mais saudável. E, nesse sentido, é legal ter informações sobre o corpo, a higiene, como usar a camisinha e o que fazer para não pegar uma doença ou engravidar, exatamente naquele momento da vida em que a cabeça está cheia de planos para o futuro, e quando ser pai ou mãe aos 14, 15, 16 anos não é uma boa para a maioria da garotada.

Sabe aquele *ficante* que você está doida para que vire namorado? Vamos falar disso aqui. Ou o mico que é os colegas perceberem que você é BV? Também não vai ficar de fora.

Ah! Não sabe o que é BV? Outro motivo para ler o livro.

Mas no meio dessa conversa toda, uma coisa é bacana saber: você não está sozinho e nem é o único diferente no mundo, porque o que acontece com você, as mudanças do corpo, o que passa pela cabeça, as muitas interrogações e a cobrança de pai e mãe, acontecem com todo mundo.

É comum na adolescência achar que *"isso só acontece comigo!"*. Mas não é não! Faz parte do desenvolvimento de todas as pessoas, mas se você tiver informação e alguém com quem conversar, esse momento pode ser bem mais tranquilo.

Não precisa ter vergonha, porque a frase *"ninguém nasce sabendo"* é a pura verdade! Aprendemos a cada dia e você ainda vai descobrir e aprender muitas coisas que vão ser úteis para a vida toda.

Vai achar que a paixão é para o resto da vida, que pai e mãe não te entende ou que o mundo todo está contra você. Sabemos que não é fácil, mas essa etapa passa e, com o decorrer dos anos, tudo entra nos eixos. Pelo menos essas dúvidas acabam, e aí começam outras... assim é a nossa vida!

Ao ler **Tribo Adolescente** você vai aprender o que é biológico e o que passam para todos nós por meio da cultura. Vai entender melhor o que pai e mãe pensam, o que a escola passa quando esse assunto invade o pátio, os corredores e a sala de aula, e também vai se sentir mais seguro para escolher qual o conceito quer levar com você, principalmente nos assuntos mais polêmicos, que requerem uma reflexão maior.

A ideia de ter um adulto e um adolescente escrevendo para você é para que esse livro tenha as informações e orientações de que falamos, mas na sua linguagem e vivência, numa conversa de adolescente para adolescente. Aí, o entendimento vai ser muito melhor, não acha?

Existe uma frase chinesa que diz: *"Amizades verdadeiras são como árvores de raízes profundas: nenhuma tempestade consegue arrancar"*.

Saiba que a partir de agora você tem mais dois novos amigos e, junto com a Editora Planeta, somos essa árvore, torcendo para que você entenda tudo que vem por aí. Afinal, este é só nosso começo da conversa. Temos muito papo pela frente.

Boa leitura!

Seus amigos,
Marcos Ribeiro e David Lucas

Capítulo 1

Tribo adolescente

Se você procurar num dicionário, desses que utilizamos na aula de português, umas das definições de *tribo* é:

> "[Do lat. *Tribu*] S.f. 3. Grupo étnico unido pela língua, pelos costumes, pelas tradições e pelas instituições; e que vive em comunidade..."
> *Dicionário Aurélio.* Editora Nova Fronteira

Demos a este livro o título **Tribo Adolescente** porque é mais ou menos como diz o *Dicionário Aurélio:* associando à adolescência, temos um grupo de pessoas que falam a mesma língua, se comportam do mesmo jeito, têm costumes muito parecidos e usam roupas muito parecidas, se não iguais. Parece que existe só uma loja na cidade, porque a galera se veste da mesma maneira, de acordo com a turma a que pertence.

Já notaram que na balada muitos de vocês se vestem iguaizinhos? É também na tribo, no grupo, quando a garotada se encontra e onde constroem suas ideias junto com os amigos, com a turma da escola e de onde moram ou mesmo nos passeios. Não é assim que acontece?

Tribo Adolescente

Por isso é importante todos estarem juntos, o que é muito bacana no processo de socialização, e também porque ajuda a vencer algumas etapas, como a timidez e a vergonha do corpo, com todas as mudanças que se apresentam, muito comuns na idade que você está. Mas tudo isso sem abrir mão da própria opinião em benefício das ideias do grupo, em alguns casos até indo por um caminho errado. Quando você perceber que isso está acontecendo, se afaste, é a decisão mais acertada.

Mas não há uma regra, porque cada tribo tem o seu código de conversa e é nessa convivência que você vai crescer e sair dos mimos de pai e mãe, até conseguir sua autonomia.

A adolescência é um período de grandes transformações: um dia você quer voltar a brincar com todos os brinquedos que estão guardados, mas, no outro, acha isso ridículo. Num momento, os amigos são tudo pra você, em seguida acha que nenhum te entende. Tem horas que pai e mãe é um saco, e quando eles resolvem te buscar na porta do colégio, aí você se sente um *King Kong*, tamanho o mico que vai pagar diante dos colegas.

Calma!! É uma fase e, como todas as outras, isso passa!

Tudo isso acontece com você, com seus colegas e aconteceu com seus professores e com as pessoas da sua família. Faz parte da idade. É a necessidade da autonomia, de se sentir independente, de achar que é dono do *próprio nariz*. E pai e mãe nesse momento simbolizam a dependência, e a galera não quer nem saber disso.

Mas, olha, não tem como fugir, já que você ainda precisa da proteção deles. E isso é e será importante, para ficar mais fortalecido e, mais tarde, poder enfrentar o mundo lá fora. O que não significa que você não possa ter a própria opinião.

Marcos Ribeiro e David Lucas

> **Tá ligado?**
>
> Eu entendo você, mas ter pai e mãe como parceiros, que podem ser amigos e que mesmo cobrando estão aí pra proteger, é muito importante nessa idade. Claro, você está grandinho(a), mas a violência está na rua e a experiência nessa hora, orientando, faz a diferença!
>
> Marcos Ribeiro

Por isso, tudo tem sua hora, não vá com muita sede ao pote, combinado? O lance é ponderar e pensar nos prós e contras de cada situação.

Nesse momento de descobertas, um amigo vai ser muito maneiro. Quando o coração aperta, naquela hora em que se está interessado em alguém e a pessoa não está nem aí pra você; quando a nota da escola foi baixa e você vai com a cabeça *"inchada"* pra casa; ou quando pai e mãe dão a maior bronca e você está de mal com o mundo, é esse amigo (ou o grupo) que poderá estar do seu lado, dando a maior força.

"Marcos e David, mas o que é adolescência?"

É o período em que ocorrem as mudanças psicológicas (na mente) e sociais (como você vê o mundo e o mundo vê você). O momento das escolhas, dos medos e de muitas descobertas. É a etapa de preparo para a vida adulta, que num *"piscar dos olhos"* já está a sua frente.

Nem sempre essa passagem na adolescência é simples, muito pelo contrário. Muitos garotos e garotas têm dificuldade em assimilar tantas mudanças num só tempo. E quando não se tem informação, quando o assunto não é discutido mais naturalmente, aí será bem mais difícil.

> **Tá ligado?**
>
> A minha entrada na adolescência foi bem conturbada. Muitas dúvidas e medos! Não estou falando da boca pra fora não, foi bem complicado meeeeesmo! Portanto, reduza seu tempo de dúvidas e medos, continue lendo nosso livro! Hahahaha!!
>
> *David Lucas*

Por isso é importante que esse assunto esteja na roda com os amigos, na escola e tenha seu começo com pai e mãe. Sexo não pode ser encarado como um assunto secreto. Não precisa ter vergonha!

Nessa idade, com o desenvolvimento, o desejo começa a ficar muito presente. Se não se tem esse espaço para conversar, mais difícil será e acreditamos que as consequências serão negativas, como uma transa sem proteção, que pode resultar numa doença ou gravidez não planejada, ou, no caso da garota, acabar fazendo aquilo que não se quer para satisfazer o namorado, ou, no caso dele, só para mostrar pra sua turma que já é homem.

Portanto, como diz aquele programa de televisão, isso é BOLA MURCHA!

"Mas acontece assim de uma vez só?"

Não! É assim: mais ou menos entre 11 ou 12 anos, começam as transformações físicas, as mudanças no corpo. Chamamos esse período de puberdade ou pré-adolescência.

Foi o período em que o corpo de vocês começou a mudar. Mas estamos falando aqui só das mudanças físicas.

Em seguida vem a adolescência, como falamos há pouco, que vai dos ***12 aos 18 anos de idade***, segundo o ECA.

> **Curiosidade**
>
> **ECA?**
> Isso mesmo. É Estatuto da Criança e do Adolescente (ECA), uma Lei do Ministério da Justiça (nº 8.069, de 13 de Julho de 1990), que define a adolescência como o período que vai dos 12 aos 18 anos de idade. O ECA reconhece que todas as crianças e adolescentes têm direito a proteção integral para que possam se desenvolver física, mental, moral, espiritual e socialmente em condições de liberdade, segurança e dignidade.

É uma fase que todos cobram muito...

1 Pai e mãe: cobram os estudos, o que vai ser quando crescer (escolha profissional), e se num momento você não é criança para algumas coisas, no outro, principalmente quando quer sair com os amigos, ainda é muito novo para chegar "tal hora". Vai entender!

2 Os amigos: "pegam no pé" e querem saber se já transou; se já beijou ou tem *ficante*, e ainda rola o papo da masturbação e outras intimidades. Caramba! É muita coisa!

A adolescência não é igual para todos os adolescentes. Em outras culturas pode ser completamente diferente ou mesmo nem acontecer essa "passagem para o mundo adulto", como acontece aqui, do jeito que se dá com você. E mesmo aqui, em nosso país, em outros grupos, por exemplo, com hábitos e costumes diferentes, pode se dar de outra maneira.

Para entender melhor o que estamos dizendo, vamos ver como acontece com algumas tribos indígenas? Aí você vai ter uma ideia de como é a adolescência com a garotada lá e poder comparar com a sua.

Tribo Adolescente

Com as garotas: ♀

Na aldeia Kamayurá (Alto Xingu/MT), ao menstruar pela primeira vez, a menina fica reclusa. Nesse período, que pode durar até um ano, ela aprende a cozinhar, fazer artesanato e se prepara para ser mãe. Durante esse tempo ela mantém os tornozelos e os joelhos amarrados com tiras de pano para engrossar as pernas e não corta os cabelos para que a franja esconda seu rosto. Ao final, ela recebe um novo nome e é considerada adulta, pronta para o casamento.

Com os garotos: ♂

Entre os Tupinambás (etnia indígena que habitava a maior parte da faixa litorânea, que ia da foz do rio Amazonas até o litoral paulista), ao nascer um menino, o pai cortava-lhe o umbigo com os dentes. A seguir, o bebê era colocado numa pequena rede, onde eram amarradas unhas de onça ou de uma ave de rapina e também um pequeno arco e algumas flechas. Esses cuidados eram tomados para que a criança se tornasse valente e disposta a guerrear com os inimigos.

> **Papo para escola**
>
> Converse com seu professor de história e peça a ele para organizar um bate-papo com a turma para comparar a adolescência do jeito que acontece com vocês e entre diferentes culturas e tribos indígenas. O professor de geografia, inclusive, pode trabalhar os hábitos culturais dessas regiões.

Pode ser estranho para você, mas eles encaram numa boa, porque é a realidade deles e a tradição daquele povo. Como se vê, a passagem da infância para a adolescência não é igual para todos, muda de acordo com a cultura. E as dúvidas, descobertas e tudo pelo que você está passando, em outros lugares podem nem acontecer. São vivências diferentes.

Portanto, como vimos, não existe uma "adolescência padrão". No nosso caso, é o período de transformações psicológicas e sociais, com todas as influências da educação de pai e mãe, da escola, do grupo de amigos e dos meios de comunicação, que não podem ficar de fora.

"Mas sempre foi assim?"

A adolescência também muda ao longo da história: o que seus avós e pai e mãe viveram, hoje em dia com vocês tem muita coisa diferente. Pergunte a eles e veja como as coisas mudaram.

Para se ter uma ideia, se hoje nós temos a Dilma Rousseff na presidência da República, houve uma época em que mulher não tinha direito a voto. Esse direito foi obtido por meio do Código Eleitoral Provisório, de 24 de fevereiro de 1932. Mesmo assim, não eram todas as mulheres que tinham esse direito. O código permitia apenas que mulheres casadas (com autorização do marido), viúvas e solteiras com renda própria pudessem votar. As restrições a esse direito ao voto feminino só foram eliminadas no Código Eleitoral de 1934. No entanto, o código não tornava obrigatório o voto feminino. Apenas o masculino. O voto feminino, do jeito que conhecemos hoje, só passou a ser obrigatório em 1946.

Papo para escola

Outra dica para o professor de história trabalhar com vocês. Teve uma época, também, que brinco não era coisa de homem. Se um garoto chegasse de brinco na escola, Meus Deus!, todo mundo ficava encarnando. Hoje em dia já é visto com naturalidade.

Tribo Adolescente

E a sexualidade acompanha toda essa trajetória, mudando ao longo das gerações. O que vocês estão vivendo hoje, mais pra frente, quando tiverem filhos, caso queiram ter, certamente será diferente.

Não podemos esquecer que a sexualidade está com a gente desde o nascimento e que a vivenciamos bem quando estamos bem com nós mesmos, com as outras pessoas e com o mundo. O bacana nessa história toda é não ter preconceito ou discriminar alguém por ser diferente ou ter escolhas que não sejam as suas.

E tem mais: é na adolescência que se intensifica o desejo e o interesse pelo sexo. Por isso, é fundamental se conhecer, saber se prevenir, pensar qual é a hora certa, se não vai se arrepender depois, e para que tudo aconteça sem riscos de arrependimento, o legal é começar conhecendo o próprio corpo.

Capítulo 2

Tribo do corpo

Vamos começar este capítulo tranquilizando você:

As mudanças que ocorreram no seu corpo ou aquelas que ainda acontecem — e vai ser assim até o final da adolescência — são naturais, fazem parte da vida de todas as pessoas.

Sabe aquele professor que você acha o máximo? E aquela professora que os garotos ficam "babando" quando ela entra na sala para dar aula? Pois é, quando eles tinham a idade de vocês, as coisas aconteceram mais ou menos do mesmo jeito.

Mais ou menos, porque cada pessoa tem um ritmo no desenvolvimento. Apesar de essas transformações corporais acontecerem com todas as pessoas, com algumas elas ocorrem mais cedo e com outras, um pouco mais tarde.

A genética (o que trazemos de pai e mãe e de nossos antepassados), a alimentação e os exercícios físicos ajudam muito nesse desenvolvimento.

Nós sabemos que nem sempre é fácil porque, do dia pra noite, o corpo muda e nem sempre a cabeça acompanha tudo que está acontecendo. E quando não se tem orientação, parece que as coisas ficam mais difíceis. E é com espanto que a garotada encara, porque, em pouco tempo, tudo pode mudar muito.

Mas passo a passo vamos explicar o que acontece com esse corpo, que às vezes pode ficar desengonçado; em outras, dá uma vergonha danada dele, e ainda há aqueles momentos que é só exibição.

> **Tá ligado?**
>
> Mas nada de ficar naquela maluquice de querer o corpo perfeito e para isso fazer uma porção de bobagens! Pense primeiro na saúde! Exercícios com acompanhamento de um professor de Educação Física é um bom caminho.

Esse é o seu corpo!

Mas que mudanças são essas?

Vamos colar aqui (essa cola pode!) o que falamos no capítulo anterior:

> "[...] mais ou menos entre 11 ou 12 anos, começam as transformações físicas, as mudanças no corpo. Chamamos esse período de puberdade ou pré-adolescência."

Com garotos: ocorre um aumento da bolsa escrotal (o "saco") e do pênis — mas sem *encucação,* porque no início ele não cresce de uma vez só, não. A garotada pode até achá-lo pequeno, comparando ao seu porte físico. Mas ele cresce e cada um do seu jeito. Como cada pessoa é diferente da outra, o tamanho do pênis varia também.

Mas não é só no órgão sexual que as mudanças ocorrem.

Surgem os cravos no rosto (a pele oleosa favorece o seu aparecimento), a voz fica mais grossa, o tórax se desenvolve também e crescem pelos embaixo do braço (axilas), em volta do pênis e no rosto.

Galera, quem determina todas essas mudanças no corpo do garoto é o aumento da quantidade do hormônio masculino, que se chama testosterona, e é produzido pelos testículos.

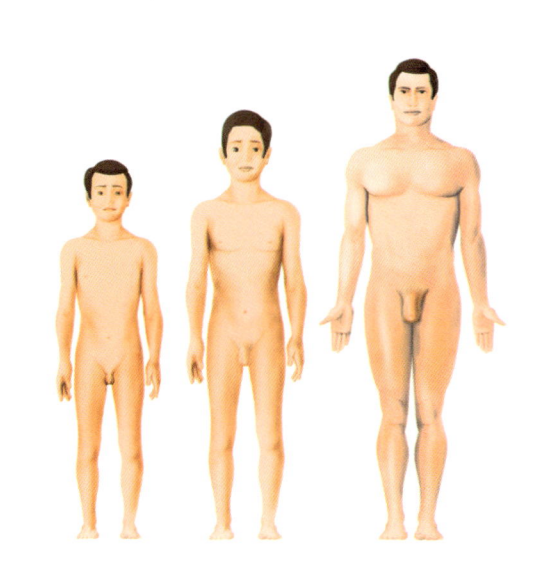

Higiene

Os garotos não podem se esquecer, na hora do banho, de usar sabonete e lavar em volta do pênis. Isso porque se forma um sebinho de nome estranho, *esmegma*, de cheiro ruim e que causa infecção — por falta de higiene.

Estirão

Nessa fase o garoto de repente cresce, de um jeito que parece um foguete. Braços e pernas crescem super-rápidos e esse processo de desenvolvimento é chamado **estirão**.

Mais uma vez vale o lembrete: cada um tem seu ritmo e pode acontecer de alguns colegas mais novos crescerem mais rápido, ficando mais altos e alguns mais velhos, nem tanto. Como falamos, é o desenvolvimento de cada pessoa.

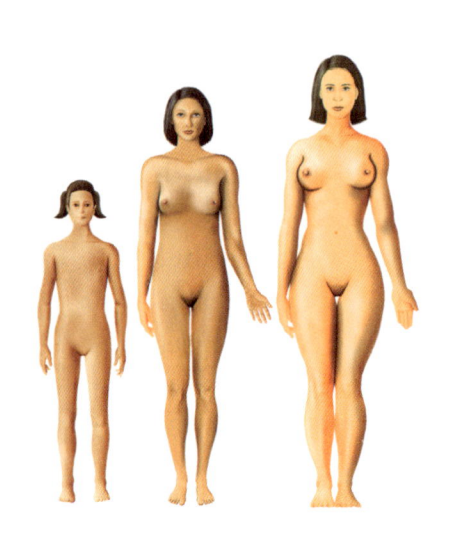

Com garotas: ocorre um aumento dos seios e, no início, em alguns momentos, pode doer um pouquinho. É bom lembrar que, mesmo com uma diferença mínima, um seio é maior que o outro. Nada de grilos, meninas, porque é normal e determinado geneticamente. O órgão sexual e os reprodutores (internos) também mudam, amadurecendo e sinalizando que a garota já pode ser mãe.

Mas não é só no órgão sexual que as mudanças ocorrem.

Surgem os cravos no rosto (a pele oleosa favorece o seu aparecimento), crescem pelos embaixo do braço (axilas) e na região genital, que chamamos de vulva, e o quadril se modifica um pouco, ficando mais arredondado.

As mudanças nas meninas acontecem, em média, um a dois anos antes das mudanças nos garotos.

Galera, agora o recado é para as garotas: um aumento na quantidade do hormônio feminino, que se chama estrógeno (produzido pelos ovários), é o responsável pelo início dessas mudanças que estamos falando.

Higiene

Na hora do banho, lavar bem a vulva com água e sabonete. E nada de usar esses desodorantes íntimos.

Chegou da festa, lavar o rosto e não dormir com maquiagem, porque isso é prejudicial para a pele.

Estirão

O **estirão** nas garotas acontece de um jeito diferente. Como vimos, os garotos espicham, crescem rápido, muitos ficam altos de repente. Com as garotas, além de "crescer para cima", crescem também para os lados com o aparecimento de curvas e arredondamento das formas.

Mais uma vez vale o lembrete: cada uma tem um ritmo diferente no desenvolvimento e, por isso, não dá para ficar se comparando, achando que só o seio da colega cresceu e o seu ainda não, ou que ela, mais nova, já está menstruando e com você, dois anos mais velha, nada ainda!

Com garotos e garotas — aí não tem diferença: Mudam também os pensamentos e a maneira de ver o mundo, que são as mudanças psicológicas e sociais. Os sentimentos também são outros e tanto o garoto quanto a garota já começam a ter mais interesse em namorar, às vezes bate um sentimento até por aquela pessoa pra quem você nem dava bola, mas que de repente você se vê pensando nela o dia todo. Basta ouvir *Jota Quest* para sair cantando pela casa...

Nessa idade, parece que as coisas são definitivas e que o amor é eterno, mas, com o tempo, você pode vir a perceber que foi apenas uma experiência importante, sem dúvida — que fez parte do seu desenvolvimento e das histórias que mais tarde vai poder lembrar.

É um grude só. Na escola, juntinhos no pátio. Em casa, se tem computador, lá estão os dois no MSN ou Facebook. E dever de casa que é bom, nada! E os pais ficam no pé: "Já falei para sair desse computador!!".

Realmente, ninguém entende. Mas, cá entre nós: é preciso ter equilíbrio e aprender a dividir o tempo.

> **Tá ligado?**
>
> *"Gata, vem aqui em casa porque minha mãe vai demorar!"*
> Marcos e David bem intrometidos nesse convite do garoto:
> *Gata, não faça o que você não quer, apenas para satisfazer o namorado. Limite, nós é que damos. E responsabilidade, cabe aos dois.*

Como a sociedade e os próprios colegas encaram essas mudanças?

Os adolescentes, assim iguais a você, dizem que normalmente o gordinho, o magrinho ou mesmo aquele que é um pouco diferente, sofrem por não fazer parte de um padrão de beleza que se instituiu ao longo dos tempos.

E esse é um período em que, nossa!, um milhão de coisas passam pela cabeça:

"Será que as pessoas me veem feio ou bonito?"

Cabelo, seios, barriga, quadril... tudo vira alvo da vaidade adolescente!

Mas, fala sério! A adolescência é uma fase da vida em que as pessoas mudam muito, podendo inclusive mudar esse padrão e ficar bem diferente fisicamente. E, mesmo que não mudem, as pessoas são muito mais do que um corpo sarado.

Órgãos sexuais
Corpo do homem

O órgão sexual do homem é responsável pelo seu prazer e ele toma consciência disso na puberdade, quando ejacula pela primeira vez (depois falaremos disso).

A ejaculação sinaliza que o corpo do garoto está maduro e que ele pode se tornar pai, se transar sem prevenção.

O que você vê
Aparelho genital masculino

Os órgãos genitais externos do homem são: pênis e bolsa escrotal (o saco).

- Pênis: órgão sexual masculino. A cabeça do pênis, bastante sensível, se chama glande, e a pele que reveste todo o corpo do pênis é o prepúcio.

O pênis tem três funções: urinária (eliminar xixi), reprodutiva (engravidar uma mulher) e de prazer.

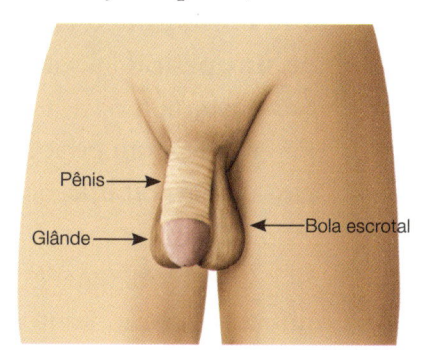

"Como o pênis é por dentro?"

Tem dois corpos cavernosos, um corpo esponjoso e a uretra.

"Como ele fica duro?"

Quando o homem está excitado, estimulado e pensando em

sexo, pode acontecer de o pênis ficar duro (ereto). Isso acontece porque entra sangue nesses corpos cavernosos (que parece uma caverna) e o corpo esponjoso também se incha de sangue, bem parecido quando colocamos uma esponja embaixo d'água e ela incha.

Na hora em que o homem está pensando em sexo, o pênis não se envergonha disso e fica logo ereto. Mas pode ocorrer de ele ficar ereto sem se estar pensando nesse assunto. Isso porque, na adolescência, o organismo produz muita testosterona para mudar o corpo do garoto e, com isso, esse hormônio coloca fogo no desejo.

E quando isso acontece no momento que o professor chama para ir ao quadro? Meu Deus! Se um buraco se abrisse, os garotos iam querer se esconder nele, tamanha a vergonha.

Mas não é vergonha o tempo todo. Para a função sexual e reprodutiva, como falamos, é preciso que ele esteja ereto.

Quando a excitação continua, ocorre a ejaculação — é o nome que se dá à saída do esperma ou sêmen. Geralmente, nesse momento, o homem sente uma sensação muito boa, de grande prazer: o orgasmo (ou gozo, que é o nome popular). E essa ejaculação dura em média de 5 a 10 segundos. Rápido, não é?

O esperma, que é o líquido esbranquiçado que sai do pênis na ejaculação, contém espermatozoides — milhares —, que são as **células reprodutoras masculinas** (é a parte do homem responsável por fazer o bebê).

- Bolsa escrotal (saco): é na bolsa escrotal, abaixo do pênis, que se localizam os dois testículos (duas bolinhas).

"O que acontece na bolsa escrotal?"

Como vimos, dentro da bolsa escrotal (saco) há dois testículos e são neles que são produzidos os espermatozoides.

> **Tá ligado?**
>
> Quando ocorre a ejaculação, cerca de 300 milhões de espermatozoides são ejaculados de cada vez. É muito, não é? E eles não são lentos não. Em média, a velocidade do jato da ejaculação é de 40 km/h.

"Por que os testículos, onde são produzidos os espermatozoides, ficam fora do corpo?"

Os testículos precisam de uma temperatura mais baixa que a do corpo para a produção do espermatozoide. A bolsa escrotal, então, funciona como uma geladeirinha para manter esses espermatozoides "refrigerados". Isso porque sua temperatura é mais baixa que o restante do corpo (cerca de um a dois graus), que em média tem temperatura de 36,5 °C.

O que você não vê
Orgãos internos

Os órgãos internos (reprodutores) são: testículos, epidídimo, canais deferentes, vesículas seminais, próstata e uretra.

Vamos ver a função de cada um através do caminho do espermatozoide. Como já vimos, os espermatozoides são produzidos nos **testículos**. Eles amadurecem nos **epidídimos**, que lembram a letra "C" e se localizam sobre os testículos. Os espermatozoides ficam ali esperando até o momento da ejaculação.

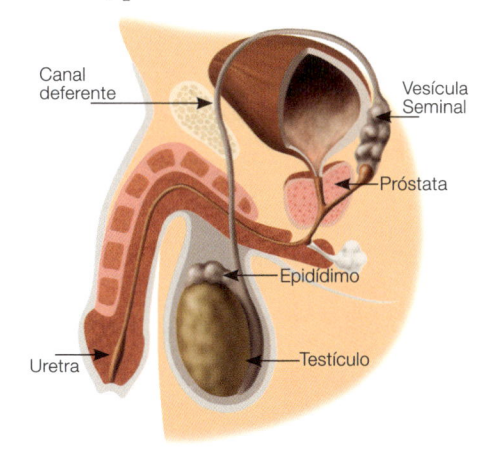

Quando o homem está excitado, com o pênis ereto e vai ejacular, os espermatozoides caminham pelos **canais deferentes** (cada um sai dos dois testículos) e se juntam com o líquido produzido pelas **vesículas seminais** e pela **próstata**, que são duas glândulas. É esse líquido que vai formar o esperma. Aí eles passam por esses canais até chegar à uretra, de onde é expelido para fora do corpo: é a ejaculação.

Quase 100% do líquido que é ejaculado pelo homem é composto dos líquidos produzidos pelas vesículas seminais e pela próstata. Os espermatozoides compõem menos de 1% desse volume todo.

Tá ligado?

Garotos, nada de preocupação: quando os espermatozoides estão saindo, um músculo perto da bexiga fecha a passagem da urina. Ou seja, não dá para urinar e ejacular ao mesmo tempo!

A uretra é o canal que sai da bexiga e passa por dentro do pênis. O seu fim é o buraquinho que fica na glande e por onde sai o esperma e a urina.

ESQUEMA PARA ENTENDER MELHOR

Líquidos das vesículas seminais e da próstata + espermatozoides = sêmen.

Órgãos sexuais
Corpo da mulher

O órgão sexual da mulher é responsável pelo seu prazer e, a partir da puberdade, também pela reprodução.

O que você vê
Aparelho genital feminino

O órgão genital feminino é a vulva.

Na vulva encontra-se a abertura da vagina, monte de vênus (ou monte pubiano), grandes e pequenos lábios, clitóris e abertura da uretra.

A **abertura da vagina** é a entrada para o canal da vagina e faz a ligação da vulva até o colo do útero (na entrada do útero). A parte de pelos da vulva é o **monte de vênus**, a mais interna são os **pequenos lábios** e a parte mais externa os **grandes lábios**. A pele fininha que fica na entrada da vagina é o **hímen.**

Ainda na parte externa, no final dos pequenos lábios, encontra-se o **clitóris**, que é a parte do órgão sexual da mulher responsável exclusivamente pelo prazer sexual. Ele é coberto por uma pele que se chama "capuz do clitóris".

No início da gravidez, meninos e meninas são iguais na estrutura anatômica. Mas geneticamente o sexo já está definido a partir da quinta semana. Na mesma região onde no corpo dos meninos se desenvolve a glande (cabeça do pênis), nas meninas surge o clitóris.

Atenção, garotas: nenhuma outra parte do corpo tem tantas terminações nervosas quanto o clitóris. São 8 mil fibras nervosas, daí tamanha sensibilidade.

Na vulva também tem a abertura da uretra.

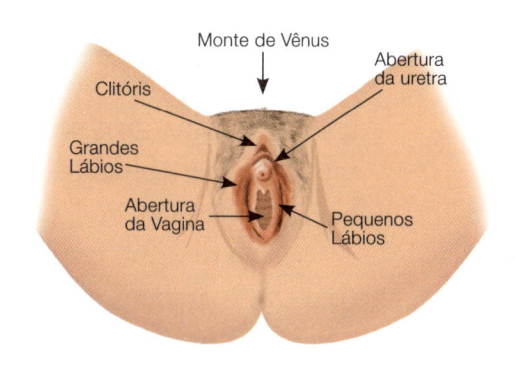

Esquema para entender melhor

Entrada do canal da vagina + uretra + clitóris = vulva

O que você não vê
Orgãos internos

Os órgãos internos (reprodutores) são: útero, tubas uterinas e ovários.

A vagina, mesmo tendo sua abertura na vulva, é um órgão interno, com mais ou menos 12 a 14 cm, muscular e elástico.

Como você sabe, o canal da vagina termina no colo do útero.

O útero é o local onde fica o bebê quando a mulher está grávida — e, quando isso acontece, ele chega a medir até 27 cm, para acolher o bebê. Por isso que a grávida fica com um barrigão.

E a história é a seguinte (e assim vamos conhecer os órgãos internos da mulher): quando chega a puberdade e a garota começa a menstruar, se ela tiver relação sexual sem proteção, ou nenhum problema de saúde que impeça a gravidez, pode engravidar.

Todo mês, no ciclo menstrual, um **ovócito** amadurece (que você também pode ter conhecido como óvulo) e sai de um ou de outro **ovário**. As mulheres têm dois ovários, um de cada lado das **tubas uterinas** (trompas de falópio).

> **Curiosidade**
> A mulher nasce com aproximadamente 300 mil ovócitos. Mas só alguns vão permitir que ela engravide.

No final das tubas uterinas tem algo que parece uma franja: são os cílios. Todo mês esses cílios pegam esses ovócitos amadurecidos e levam até uma das tubas uterinas.

Cada mês é um ovário e uma tuba uterina que trabalham.

Se a mulher tem relação sexual no período fértil (quando existe maior chance de engravidar) e o ovócito encontra com o espermatozoide, ocorre a fecundação, ou seja, a mulher engravida.

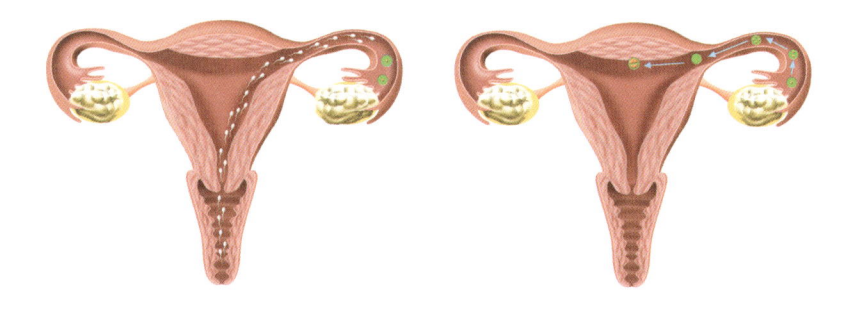

> **Curiosidade**
> O tempo que o espermatozoide consegue viver dentro do corpo da mulher, nas tubas uterinas, é de 48 a 72 horas.

Mas se não ocorrer a gravidez?

Caso não tenha ocorrido a fecundação, ou seja, o encontro do espermatozoide com o ovócito, o endométrio (que forra o útero), que se preparava para receber o ovócito fecundado, se descama e sangra. Esse sangue que sai é a menstruação, sinal de que a mulher não está grávida.

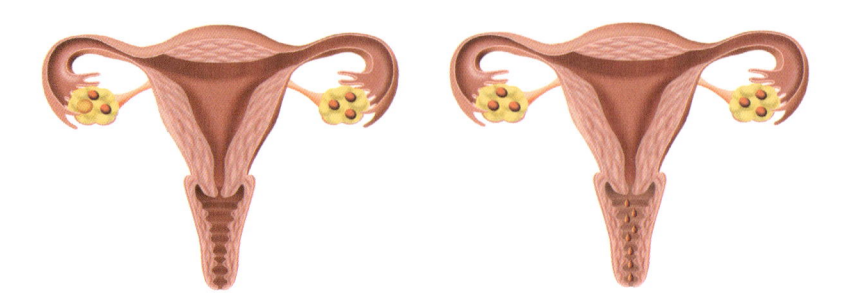

A menstruação é esse sangue que sai uma vez por mês e dura em média de 3 a 5 dias. No início ela é irregular e pode demorar alguns meses até que fique regularizada.

Quando a menstruação vem pela primeira vez, damos o nome de menarca. Mas só é a primeira menstruação que leva esse nome.

Lembrando
- Espermatozoide: célula reprodutora do homem
- Ovócito: célula reprodutora da mulher

Papo para escola

Converse com seu professor de Ciências e diga a ele que deixamos esse recado: trabalhe o tema órgão sexual do homem e da mulher e discuta quais são os mitos e dúvidas que a garotada tem. Uma possibilidade é cada aluno fazer um levantamento e depois um colega perguntar para o outro. O professor pode corrigir quando a resposta estiver errada (ou se nenhum outro souber) ou intervir quando for necessário e complementar a resposta com mais informação.

Marcos Ribeiro e David Lucas

Papo de garoto
"Tamanho é documento?"

Não, não é.

O tamanho do pênis é determinado geneticamente, do mesmo jeito que a cor dos olhos, do cabelo, da estatura e outras características da pessoa. Portanto, não tem como aumentar o tamanho nem diminuir (mas isso passa longe, não é?). E se vocês virem uma propaganda do tipo "bombas de sucção", que prometem maravilhas para aumentar o tamanho do pênis, não caiam nessa conversa.

O tamanho do pênis não tem nada a ver com tamanho do pé, do antebraço, do nariz, de ser alto ou baixo, negro ou oriental.

O pênis pode ser pequeno quando está flácido (mole) e ficar maior quando ereto. E o inverso também é verdadeiro: o grande, quando endurece, pode não crescer tanto assim. O mesmo acontece quando é fino: ao endurecer, fica maior e mais grosso. Isso porque depende da retração do tecido que forma o pênis de cada homem.

O tamanho também pode variar de acordo com a temperatura: quando está frio ou o homem entra na água gelada, ele se retrai e fica menor. Com temperaturas mais altas, pode aumentar um pouco.

Muitos desses grilos do tipo "tamanho é documento" começam quando se é criança. Muitos já devem ter ouvido a frase: *"Mostra que você é homem!"*. Aí os meninos seguram no pênis e dizem: *"Aqui ó!"*.

Desde criança vamos aprendendo a achar que o homem é só seu pênis.

Vamos tirar isso da cabeça, tá garotada?

"Eu tenho um primo que tem a mesma idade que eu, as pernas dele são menores que as minhas, mas seu pênis é maior que o meu."

Não é porque seu primo tem a mesma idade que você que ele deve ter a mesma estrutura de corpo. Ou, por ter pernas menores, o pênis será menor também. Pode ser, inclusive, que o pênis dele fique do tamanho que está hoje e o seu venha a crescer mais.

O pênis cresce até por volta dos 18 anos de idade. Mas esse crescimento depende do desenvolvimento geral do rapaz e costuma ser a última parte do corpo a atingir seu cumprimento total. Primeiro o pênis cresce, depois engrossa.

"O tamanho do pênis influencia no prazer?"

Não. O prazer sexual de homens e mulheres não tem nenhuma relação com o tamanho do pênis.

"Ando cheio de vergonha. Quase todo dia, quando acordo, minha cueca está melada!"

Ao chegar à puberdade, pelo fato de não transar e a masturbação não ser tão frequente no início, é comum o garoto ter sonhos eróticos e acabar ejaculando à noite, dormindo. Podemos dizer que é uma "válvula de escape" para o esperma e o prazer acumulados. A isso damos o nome de **polução noturna** e o garoto não tem nenhum controle sobre isso. É natural e acontece com os homens. Significa o início de sua maturidade sexual.

> **Curiosidade**
>
> Para os chineses, No século XI, o homem que tivesse uma polução noturna devia se levantar e entoar sete salmos como penitência. Isso porque, para eles, a ejaculação noturna, era causada por um demônio feminino, chamado "súcubo", que aparecia nesse momento para roubar o sêmen que o homem tinha ejaculado.

Papo de garota

A menstruação traz muitas dúvidas para as garotas. Garoto não sabe o que é isso. Vamos então esclarecer essas dúvidas.

Ciclo menstrual

Sobre a menstruação e porque ela acontece, falamos anteriormente. Mas ainda ficou uma dúvida:

"O que é ciclo menstrual?"

O período que vai do primeiro dia que desceu a menstruação até o dia que antecede o primeiro dia da próxima, é o **ciclo menstrual** das garotas. Geralmente, esse ciclo é de 28 dias, mas não há uma regra, podendo ser um pouco maior ou menor.

"É verdade que quando a garota está menstruada ela não pode ir à praia, tomar banho frio, lavar a cabeça, praticar esportes ou comer algumas frutas, como abacaxi?"

Isso se dizia muito antigamente, mas hoje sabemos que não é verdade e a garota pode fazer tudo isso. É importante saber que menstruação não é doença, e o fato de estar menstruada não significa que se não possa fazer isso ou aquilo.

Imagine se estiver aquele calor danado e a menstruação durar cinco dias: você ficará esse tempo todo sem lavar a cabeça? E se pintar aquele abacaxi docinho, vai morrer de vontade, mas deixar de comer? Não faça isso, não! Leve uma vida normal. E em relação ao esporte, saiba que é indicado para amenizar as cólicas menstruais.

As cólicas podem acontecer alguns dias antes da menstruação ou mesmo durante. Isso pode acontecer, por exemplo, devido a algumas contrações que ocorrem no útero, para expulsar (eliminar) o sangue da menstruação, ou por causa da produção de algumas substâncias, comum nessa fase.

Colocar uma bolsa de água quente para morna sobre a barriga pode ajudar. Uma dieta balanceada, redução de sal na comida e atividade física também ajudam, mas nenhuma dessas orientações exclui procurar um médico, caso sinta muito desconforto.

"E quando a menstruação deixa de vir, sem que a mulher esteja grávida?"

Já ouviu falar em **amenorreia**? Esse é o nome que se dá à ausência de fluxo menstrual, quando as mulheres deixam de menstruar por um tempo. Por exemplo: isso pode acontecer, muitas vezes, com as atletas que treinam muito, em situações de estresse, carência nutricional, uso de determinados medicamentos e algumas doenças e distúrbios como a anorexia. Essa variação tem a ver com a baixa quantidade de gordura do corpo.

Desenvolvimento do corpo

Esse papo é dirigido às garotas e aos garotos.

"Todas as minhas amigas já cresceram e meu corpo parece de criança, e algumas são até mais novas que eu."

Se você olhar atentamente para elas, vai ver que uma é diferente da outra. Há garotas que têm 13 anos e o corpo já está formado, e outras colegas, mais velhas, com o corpo ainda em desenvolvimento. Não se esqueça do que já falamos aqui: cada pessoa tem seu próprio ritmo de desenvolvimento.

Os responsáveis por essas mudanças são os hormônios — do mesmo jeito que acontece com seus colegas, os garotos.

Masturbação

Esse papo é dirigido às garotas e aos garotos.

A masturbação é o nome da automanipulação que garotos (homens) e garotas (mulheres) fazem com o próprio órgão sexual, com a intenção de obter prazer.

Cada pessoa se masturba de um jeito diferente, mas, geralmente, ela se dá com o garoto fazendo movimentos em seu pênis e as garotas acariciando o clitóris.

Mesmo começando quando se ainda é pequeno, é na adolescência, ou seja, na idade de vocês, que ela intensifica. E isso se dá porque, como falamos, é o período de desenvolvimento, que começa na puberdade, trazendo as transformações do corpo, influenciadas pelos hormônios, e mudando os sentimentos e desejos. É a sexualidade batendo na porta!

Nem sempre as pessoas encaram a masturbação com naturalidade. Se o garoto está há muito tempo no banheiro, os pais começam a reclamar:

"Sai desse banheiro, garoto!"

Na verdade, eles já imaginam o que esteja acontecendo. Isso costuma deixá-los incomodados, em alguns casos, a mãe mais do que o pai.

Muitos encaram a masturbação como um pecado e uma coisa feia. O que podemos dizer é que a masturbação não vicia, não faz o homem ficar fraco e nem mesmo provoca esterilidade (incapacidade de gerar filhos). Não faz crescer pelos nas mãos e nem os peitos ficarem maiores. Aliás, isso não tem nada a ver com masturbação Quando isso acontece, chamamos de **ginecomastia**, que se deve ao aumento do hormônio masculino (testosterona) ou a um desenvolvimento maior do tecido glandular da mama. Daí essa sensação de que tem uma "pedrinha" dentro, fazendo com que os garotos fiquem cheios de vergonha, já que os colegas ficam zoando e fazendo gestos, dando a entender que sabem que ele se masturba. Mas é puro mito.

Falando nisso, a masturbação faz parte da intimidade de cada pessoa, não é algo que as pessoas ficam sabendo que se pratica só de olhar pra gente. São coisas íntimas, só nossa, a gente não tem que sair falando por aí.

"A masturbação faz acabar o esperma?"
Não. O homem não nasce com uma quantidade "x" de esperma. A produção é contínua.

"A garota pode perder a virgindade se masturbando?"
É bastante difícil, porque normalmente as garotas se mas-

> **Papo para escola**
>
> Peça ao seu professor de Religião ou Sociologia para trabalhar esse tema na sala de aula, a partir das informações abaixo:
>
> A polêmica em torno da masturbação não é recente, e já foi descrita até na Bíblia. O episódio a seguir está narrado em Gênesis, 38:1-10.
>
> O patriarca Judá tinha três filhos: Er, Onã e Sela.
>
> Judá arrumou para o seu filho Er uma esposa. Ela se chamava Tamar.
>
> Por ser "*perverso com o Senhor*", Er morreu.
>
> Aí, o que Judá determinou a seu outro filho, Onã?
>
> "*Une-te à viúva do teu irmão em cumprimento de teu dever de cunhado e preserva assim a linhagem de teu irmão.*"
>
> Ou seja: Judá (o pai) ordena que Onã (o filho) se case com a cunhada (Tamar, esposa de Er, que morreu) para que tenham filhos.
>
> No entanto, Onã sabia que os filhos gerados com sua cunhada Tamar não seriam considerados dele, mas atribuídos ao seu irmão morto. Por esse motivo, quando tinha relação sexual com ela, "*desperdiçava sua semente no chão*", como se costumava dizer.
>
> Na hora que ia ejacular, Onã tirava o pênis de dentro de Tamar e ejaculava no chão.
>
> Isso era um atentado contra a lei judaica, e Judá, não aprovando tal atitude, matou Onã, seu próprio filho.
>
> Daí a expressão onanismo, que significa masturbação, e se tornou verbete de dicionário em 1835.
>
> Por isso, a masturbação é vista como algo feio, sujo e pecaminoso, em muitas culturas e religiões.

turbam manipulando o clitóris. Mas é preciso ter muito cuidado com os objetos pontiagudos, esses sim perigosos, porque, se colocados na vagina, machucam.

"A masturbação faz crescer o pênis?"
Não! Até porque não é musculação, não é?

"Qual a frequência certa para a pessoa se masturbar?"
A gente tem que ter cuidado ao dizer o que é "certo" e "errado". Isso porque cada pessoa tem um "relógio interno" muito próprio e um prazer individual que decide o que é mais apropriado. Por isso, a frequência "normal" vai depender do ritmo "ideal" para cada um.

"Depois que me masturbo fico com o pênis dolorido. É normal?"
Como falamos anteriormente, cada pessoa tem um ritmo e você pode só ter exagerado na dose.

Outras tribos

Como temos falado aqui no livro, a sexualidade — e essa conversa inclui também a discussão sobre corpo — muda muito de acordo com a cultura. Cada país ou continente tem seus hábitos, tradições e costumes, de acordo com a sua realidade.

Vamos ver como acontece a vivência da sexualidade em outras culturas. É bem diferente do jeito que se dá aqui no nosso país e, em muitos casos, não conseguimos nem imaginar a gente passando por esses rituais. Mas, para eles, é tudo muito natural.

Mutilação genital (circuncisão) em algumas culturas

O emprego do termo circuncisão ocorre, geralmente, num mesmo patamar que as expressões "operação" ou "práticas tradicionais".

A prática remonta ao antigo Egito, onde se acreditava que o clitóris era a parte masculina da mulher e a glande, a parte feminina do homem. Retirá-las significa ainda para muitos povos fazer com que homens e mulheres assumam seus papéis sociais junto à comunidade.

Em geral, é uma tradição religiosa praticada no Egito, na Etiópia, na Somália e em Guiné-Bissau.

O ritual "de corte" feminino varia de clã para clã (de família para família, fazendo uma comparação para você entender melhor), podendo ser retirada toda a região externa da vulva — clitóris e grandes lábios — ou mesmo uma pequena parte do clitóris. Há relatos de "corte" onde a vulva, após a mutilação, é costurada, deixando apenas um buraquinho na vagina para a saída da menstruação. A vulva só é aberta novamente para a primeira relação sexual, após o casamento.

Em relação aos meninos, há relatos "de corte" desde a glande até a base do pênis em algumas comunidades afro-islâmicas. Porém, o convencional em muitos povos — como os judeus, a etnia herero, da África, e os muçulmanos — é apenas a retirada do prepúcio (do cabresto ou freio do pênis, como conhecemos popularmente por aqui).

A passagem da infância para a adolescência
Com os judeus

Ao completar 13 anos e um dia, o judaísmo considera o jovem maduro e responsável pelo cumprimento dos Mandamentos Divinos, as mitzvot. Por isso, ao completar essa idade, é celebrado o Bar-Mitzvá (que significa "Filho do Mandamento", em hebraico). A cerimônia também acontece com as meninas quando elas atingem 12 anos.

Porém, só os meninos usam o tefilin, um acessório exclusivamente masculino, em cima da cabeça ou no peito. Esses acessórios são caixas de couro que contêm pergaminhos (escritos com quatro parágrafos do livro do Pentateuco, dos cristãos) e apenas eles são chamados para ler a Torá.

A partir daí ele pode integrar o minyam — quórum mínimo de 10 homens adultos para a realização de várias preces e cerimônias judaicas.

Capítulo 3
A tribo de garotos e garotas

> "*Uma chave que abre várias fechaduras é considerada uma chave mestra. Uma fechadura que se abre para qualquer chave é só mais uma fechadura qualquer.*"

Fomos bater um papo sobre *sexo e adolescência* com alunos do 9º ano e Ensino Médio de uma escola particular na zona norte do Rio de Janeiro, querendo saber o que a garotada está pensando e fazendo, para colher material para este livro. No meio da nossa conversa, o aluno Felipe falou a frase acima e vamos falar sobre isso aqui também com vocês.

Você já ouviu falar em **gênero**? É o seguinte:

No capítulo anterior, sobre o corpo, você viu como se dá a reprodução, ou seja, o encontro do espermatozoide com o ovócito (óvulo). Mas, nesse caso, abordamos apenas como nascem homens (macho) ou mulheres (fêmea) no **sentido biológico**.

Isso significa:

Homem = pênis

Mulher = vulva

Mas quando falamos de sexualidade, esse é apenas o início do novelo. Tem muita coisa para desenrolar nessa história.

Além da questão biológica (física), a nossa cultura (país) estabelece o que é ser homem ou mulher de acordo com as atitudes que consideramos masculina ou feminina. E isso muda de acordo com a realidade do país e com o momento histórico.

O que é comum em outro lugar, para a gente aqui pode ser um absurdo. E o que não aceitávamos no passado, como, por exemplo, homem usar brinco, hoje está prá lá de corriqueiro.

Na nossa cultura, quais são as atitudes esperadas do homem?

1 Ser valente.

2 Ser durão.

3 Não chorar.

4 Não ser sensível.

5 Não ser frágil.

6 Ser o herói da mamãe.

E o que mais esperam do homem? Dê sua opinião.

Geralmente, os garotos, quando crianças, ouvem dos seus pais:

"Se você apanhar na rua e vier chorando prá casa, apanha aqui de novo!".

E se começa a chorar em casa:

"Já te falei para engolir esse choro!".

Os meninos crescem aprendendo que chorar ou demonstrar emoção é coisa de mulher. Mas não é por aí, galera! Todos somos seres humanos e temos nossos momentos de valentia, mas também de fragilidade e sensibilidade e isso independe do sexo. Se os garotos crescerem assim, certamente serão machistas e com dificuldade de demonstrar sensibilidade e afeto.

E em relação às mulheres, quais são as atitudes que esperamos?

1 Ser frágil.

2 Ser sensível.

3 Pode ser chorona.

4 Não ser durona.

5 Não ser valente.

6 Ser a princesinha do papai.

E o que mais esperam da mulher? Dê sua opinião.

Já as meninas ouvem o seguinte:

"Fecha as pernas porque você está ficando uma mocinha!" — MENINO NÃO OUVE ISSO.

E se quiser sair e voltar tarde em casa:

"Só se seu irmão for com você!" — MESMO QUE ELA TENHA 15 E ELE 11 ANOS DE IDADE.

As meninas são educadas como se jogar bola e ser forte fossem coisas de "Maria João", como dizem os colegas maldosamente. Mas as garotas podem ser sensíveis, dóceis, choronas e ao mesmo tempo jogar bola melhor que muito homem (olha o exemplo da jogadora Marta!) e serem valentes, sem deixar de ser menina por isso.

Quando vierem com essa conversa, não liguem para isso, porque é só papo de gente que discrimina outras pessoas por não seguir o padrão estabelecido pela sociedade, como já falamos aqui.

Da mesma forma, a sociedade se comporta de um jeito bem machista, e isso desde antigamente, quando diz que as mulheres só podem ficar em casa (fazendo comida, lavando louça etc.). É importante saber que as mulheres não são, nem nunca foram, inferiores aos homens. Para os garotos que pensam o contrário:

Não se convenceu ainda, cara? Ter uma presidente mulher no nosso país é o melhor exemplo disso.

Aprendam uma coisa, na boa: ninguém é mais homem por ser brigão ou mais mulher por ser doce e chorona. E nem menos homem por cuidar da casa e menos mulher por cuidar do carro ou capinar a grama.

Respondendo agora, **gênero** é a construção cultural de ser feminino e masculino. É o que a cultura (país) estabelece como padrão — e o que é esperado — de homens e mulheres.

Resumindo: o jeito de ser, de se comportar de homens e mulheres na nossa sociedade, que atribuímos a cada sexo, é o que chamamos de gênero.

O que para a gente é absolutamente inviável, em outras culturas é absolutamente normal. O que também hoje é aceito tranquilamente, em outro momento da história nem passava pela cabeça das pessoas como algo natural.

Vamos a alguns exemplospor meio de três cenas para ficar mais claro o que estamos dizendo.

Cena 1

O que você acharia se sua escola adotasse a saia como uniforme para os garotos? Já imaginamos a confusão que ia ser não é?

O que é um absurdo pra gente, é completamente normal para a realidade de outros países, como na Escócia, onde os homens usam saia no dia a dia e não deixam de ser machos por isso.

Mas não para por aí: se hoje pode parecer estranho, saiba que a saia sempre fez parte do vestuário masculino. Os homens ocidentais abandonaram completamente o uso da saia há pouco mais de dois séculos. Não sei se você sabe, mas atualmente ¾ dos homens em todo o mundo (principalmente no Oriente) usam saias, e não são gays.

No caso das calças compridas para mulheres, nem sempre foi assim. Essa é uma realidade que existe há pouco mais de 100 anos.

Refletindo

Viu como o que esperamos de homens e mulheres (seus hábitos, atitudes, vestimentas e jeito de se comportar) muda com o tempo e varia de acordo com a cultura?

Cena 2

Hora do recreio e todos os seus amigos estão no pátio. Dois colegas do sexo masculino se cumprimentam dando um selinho na boca. Ou, ao acabar o recreio, voltam para a sala de aula de mãos dadas.

Caraca!! A gente já está até vendo o fuzuê na escola.

O papo é o mesmo, com todas as letras: o que é um absurdo pra gente, é completamente normal para a realidade de outros países.

Na Rússia, é comum os homens darem um selinho na boca ao se cumprimentarem. E não tem nada de papo gay, são homens heterossexuais (que gostam de mulher) e faz parte da cultura deles.

E tem mais conversa nesse sentido. Os imperadores romanos permitiam que os nobres mais influentes beijassem seus lábios, e os menos importantes as mãos. Na Assíria, Pérsia e Babilônia, os homens nobres se beijavam como um cumprimento de despedida. Hoje, na Turquia, os homens andam de mãos dadas, como sinal de amizade. Isso é a cultura turca.

Refletindo

Sei que é difícil para a gente entender, mas devemos respeitar a cultura de cada povo.

> Cena 3
>
> Você foi convidado para o casamento da sua professora. Na hora da festa, que estava bombando, a noiva (sua professora) beija todos os homens da festa...
>
> Meu Deus! Segunda-feira a fofoca vai rolar solto na escola. Os professores de Matemática, Português e Ciências nem vão conseguir dar aula.
>
> É um absurdo? Sim, é! Mas, em outra cultura, absolutamente normal.
>
> Na Escócia, era costume o padre beijar os lábios da noiva ao final da cerimônia. Acreditava-se que a felicidade conjugal dependia dessa benção. Já na festa, a noiva deveria beijar todos os homens na boca, em troca de dinheiro.
>
> Aqui cortam a gravata do noivo e saem recolhendo o dinheiro, não é isso?

Refletindo

Entenderam quando dissemos que é a cultura que constrói o comportamento de homens e mulheres? Não existe um padrão de normalidade, mas sim o que cada cultura considera normal ou diferente, e que também pode variar de acordo com o tempo, de acordo com o momento histórico.

> **Papo para escola**
>
> Converse com seu professor de História para trabalhar a diferença de gênero nas diferentes culturas.
>
> Combine com seu professor de Português escolher uma frase desse capítulo — cada um a sua – para fazer uma redação a partir dela.

A galinha e o ganharão

Nesse papo rola muito preconceito e, nesse sentido, as garotas sofrem muito mais do que os garotos. O que não significa que eles fiquem de fora.

Se a garota sai com dois, três carinhas, é galinha!

Quer dizer, ela é discriminada se vai para a balada e fica com vários.

Se o cara sai com cinco garotas, é garanhão! Ou também galinha, mas no sentido positivo. E não há zoação com isso. Mas vai acontecer se for para a balada e não ficar com ninguém.

É mais ou menos assim:

Mulher galinha: é um xingamento, depreciativo, considerada quase "periguete". Para elas, é muito ruim e nenhuma quer essa comparação.

Homem galinha: é um elogio, significa que o cara é o pegador, um troféu. A maioria dos garotos não se sente ofendido em ser chamado de galinha e até ganha ponto com a galera.

A regrinha que as pessoas esperam é essa:

Garota: vá para a balada e fique com um. Mas se não ficar, sem problema, as colegas não vão zoar.

Garoto: vá para a balada e fique com várias. Mas se não ficar, é um problema, os colegas vão zoar.

Essa é uma forma de discriminação, em que os homens são educados com muito mais vantagens e privilégios do que as mulheres.

Vamos rever a frase do aluno Felipe, de que falamos no início do capítulo:

"Uma chave que abre várias fechaduras é considerada uma chave mestra. Uma fechadura que se abre para qualquer chave é só mais uma fechadura qualquer."

O que ela quer dizer? Vamos traduzir aqui:

"Um homem que sai com muitas mulheres, é machão, o pegador (a chave aí simboliza o homem, o pênis). Uma mulher que sai com vários homens é uma mulher qualquer, uma vadia (a fechadura reperesenta a mulher, a vulva)".

Percebem a discriminação em relação à mulher? Cabe a cada um mudar essa realidade e estabelecer os mesmos direitos para todas as pessoas.

Mas com os garotos não ficam atrás, já que sofrem pressão também:

1 Não pode dizer não. Se não está a fim da garota, os colegas dizem logo que é boiola. E se ela ainda for a mais bonita do colégio, ferrou! Aí que vão pegar no pé mesmo.

2 Quando sai com a namorada, esperam que ele seja o responsável pela passagem do ônibus e em pagar o lanche, como se fosse obrigação do homem, como aprendemos desde pequeno. Apesar de as coisas estarem mudando, ainda encontramos no nosso país muitas pessoas que pensam e agem assim.

Tribo Adolescente

Como estamos vendo, a cobrança vem realmente para os dois, apesar da discriminação ainda ser mais forte para o lado das garotas. Na música são chamadas de *"cachorra"* ou que para elas *"um tapinha não dói"*. Nas propagandas, nos anúncios de cerveja ou xampu, lá estão as mulheres de biquíni, como "mulheres-objetos". Com os garotos não acontece isso.

No jeito de se vestir, a cobrança pega os dois. Mas não esqueçam: podemos ter homens com camisas cor-de-rosa e mulheres com calças mais largas, sem que a turma fique implicando e cheia de graça. E se ficarem, é só não entrar na pilha.

Nada tá perdido! Podemos transformar essa realidade e construir algo em que homens e mulheres tenham os mesmos direitos e as pessoas não tenham preconceitos com as outras e nem as tratem como objetos.

> **Tá ligado?**
>
> Não entre na bobagem de que "não existe homem amigo de mulher", porque existe sim. Não é porque o garoto tem uma amiga mulher que vai ser "menos homem" ou "mais homem", se não tiver.

Na idade que vocês estão, é bem bacana dar o primeiro passo para essa mudança. Pode começar com o seu colega que senta ao seu lado na sala de aula, depois conversar com outro que senta lá no fundão, ir para a turma ao lado e, quando menos esperar, todos estarão com a ideia de que homens e mulheres são diferentes sim, mas não desiguais. E o fato de terem corpos diferentes e fisicamente um ter mais força que o outro, não significa que devam ser discriminados nas suas oportunidades.

Papo de violência

A gente sempre ouve falar da violência como se fosse algo longe da gente, ou que só ocorre com casais adultos, marido e mulher, não é mesmo?

A violência é muito mais dirigida às mulheres do que aos homens, e esse papo pode começar na sua idade e isso é um perigo. São garotos se sentindo donos das suas namoradas e dizendo a roupa que elas podem ou não usar ou pra onde podem ir; são namorados que forçam uma transa mesmo contra a vontade da garota e, ainda, aqueles que chegam à violência física, batendo na namorada.

"Marcos, David, porque essa conversa sobre violência nesse capítulo?"

Você já sabe o que é gênero, não é? Então, a violência atinge mais o gênero feminino, muitas vezes porque a garota não atende aos caprichos do namorado. Mas os garotos também passam por *poucas e boas*.

A violência pode ser física, psicológica e moral.

- A violência física é mais fácil de identificar, porque deixa marcas.

Muitas vezes começa com tapinha, e no início as garotas podem achar que foi só aquela vez, até que chega a algo mais violento.

Meninas, se isso acontecer ou já aconteceu com você, converse com alguém de confiança. Denuncie essa violência. Não aceite ser objeto do namorado.

- A violência psicológica e moral é aquela que faz o namorado insultar; agredir verbalmente; ofender a namorada; obrigá-la a fazer o que não quer a deixando mal com isso, cheia de culpa ou medo.

É o namorado segurando no braço da namorada e beliscando: *"Já te disse que não quero você com essa roupa!"*

"Você dá mole pra todos os caras mesmo!", falam alguns garotos querendo ofender.

"Você não passa de uma vadia", e continuam as ofensas morais.

Às vezes, a ofensa, violência moral, parte das próprias colegas:

"Essa garota é periguete, anda de graça com todos os colegas da sala!".

Estamos falando da violência contra a garota, mas isso não significa que os namorados também não sofrem essas agressões e insultos. A diferença é que em proporções menores, se comparado às garotas.

As namoradas também os agridem, ofendem, ficam implicando quando estão de papo com as colegas; quando estão vestidos com short curto, principalmente quando têm as pernas musculosas, achando que as "periguetes" vão ficar dando mole para eles, ou, ainda, se ligam para o celular e eles não atendem na hora, sai de baixo! Algumas chegam ao extremo de dizer que "ele não é de nada" e muito mais ofensas.

O bacana é que ambos possam conversar. Quando perceberem que o *"negócio tá pegando pesado"*, que tal cada um ir para um canto? E quando estiverem mais calmos, aí sim parar pra conversar.

Galerinha: a violência é ruim até para quem ganha!

Outra coisa, a forma mais bacana é vivermos com igualdade e respeito pelas pessoas. Que homens e mulheres tenham os mesmos direitos e oportunidades na vida, porque aí, sim, vamos viver numa sociedade igualitária.

Vamos fazer a nossa parte?

Marcos Ribeiro e David Lucas

Curiosidade

O dia 8 de março, Dia Internacional da Mulher, foi determinado a partir de um fato triste, relacionado à violência, acontecido há mais de um século.

Em 1857, trabalhadoras têxteis da fábrica de Tecidos Cotton, em Nova York, corajosamente paralisaram os trabalhos e organizaram a primeira greve americana, unicamente conduzida por mulheres.

Reivindicavam melhores condições de trabalho e redução da jornada de 14 para 10 horas diárias.

No dia 8 de março desse ano, os patrões fecharam as portas da fábrica e atearam fogo, só para não atender as reivindicações de suas funcionárias. Asfixiadas, 127 tecelãs morreram carbonizadas.

Por proposta da famosa ativista pelos direitos femininos, Clara Zetkin, o dia 8 de março, em memória das tecelãs, foi declarado O DIA INTERNACIONAL DA MULHER, homenageando as mulheres do mundo inteiro que lutam pela paz, pela democracia e por uma vida mais digna e justa.

Outras tribos

Como temos falado aqui no livro, a sexualidade — e essa conversa inclui também a discussão sobre gênero — muda muito de acordo com a cultura. E cada país ou continente tem seus hábitos, tradições e costumes, de acordo com a sua realidade.

Vamos ver como acontece a vivência da sexualidade em outras culturas. É bem diferente do jeito que se dá aqui no nosso país e, em muitos casos, não conseguimos nem imaginar a gente passando por esses rituais. Mas, para eles, é tudo muito natural.

Mulheres-girafa

As mulheres da etnia Padaung, de Tha Ton, em Mianmar — antiga Birmânia — mantêm a tradição de utilizar aros de cobre ou ferro no pescoço. Você já deve ter visto em fotos.

Tribo Adolescente

O costume, quase em desuso no continente asiático, é iniciado quando a menina é bem novinha, por volta dos cinco anos. Essa tradição foi primeiramente identificada em Gana, na África. O uso desses aros de cobre ou ferro faz com que os pescoços das mulheres cresçam até 30 cm. Acredita-se que a tradição — que é milenar — tenha o sentido de manter a fidelidade conjugal. Como isso se dá?

Em caso de adultério, o marido seria autorizado a retirar os anéis, ocasionando a quebra do pescoço, levando a mulher à morte. Essa versão é contestada, mas o fato é que os adultérios são muitíssimos raros na região. Para as mulheres Padaung, o uso dos colares é sinal de beleza, garante casamentos com maridos melhores e é símbolo de riqueza.

Capítulo 4

Tribo que namora e... anda ficando

Tem coisa mais comum na idade de vocês do que a certeza de que o carinha da escola ou aquela garota do prédio é seu amor da vida toda e que nunca vão se separar? Isso mesmo, na adolescência — com todas as descobertas — acredita-se mesmo que nunca mais vai se amar tanto, mas, acredite, essa é mais uma fase da vida e muitos amores virão. Claro que esse amor é importante, mas não se desespere se aquele paquera não te dá "mole" ou se a garota não está "nem aí" para suas investidas.

Mas a galera não está querendo muito namorar, não! Sem generalizar, mas parece que a turma está mais a fim de "ficar", e esse parece ser o código de relacionamento para a galera de 14, 15... 18 anos de idade.

Você, o que prefere: ficar ou namorar?

No "dicionário adolescente", a palavra *ficar* significa ter um relacionamento tranquilo, mas sem compromisso. Já "namorar" requer um pouco mais de paixão, querer ficar junto mais tempo, tem o mesmo sentido de antigamente.

Para você entender melhor:

Quando a garotada "fica", é só o encontro daquele momento e nada mais. Sem essa de "pegar no pé!", afinal, não há compromisso. Pode acontecer que, nessa "ficada", um dos dois se interesse bastante pelo outro e, quando se encontram de novo, acham que não tem "nada a ver!".

É maluquice isso? Claro que não, mas uma realidade no universo da adolescência, quando os sentimentos são muito confusos, vão e vêm, num exagero comum da idade.

O "ficar" é uma descoberta que os dois fazem, rola beijo e raramente transa, por isso pai e mãe não precisam ficar com a lanterna em cima do jovem casal. Ou precisa, galera? Se vocês disserem que sim, a gente já escreve outra coisa aqui e fala para eles ficarem de olhos bem abertos.

Olha lá, turma: é preciso cabeça no lugar, responsabilidade!

Voltando a falar de beijo, é preciso um cuidado nessa história. Sem sermos caretas, não dá para sair beijando uma porção de gente na badala.

E por que não?

• Segundo o *Caderno de coisas importantes*, dos Ministérios da Saúde e da Educação, que faz parte do Projeto Saúde e Prevenção nas Escolas (como vê, o papo é sério pra caramba), um beijo pode passar gengivite, cárie, hepatite B e herpes.

Mas para não ficar só na conversa ruim. O beijo, do mesmo jeito que o chocolate, libera endorfina... Aha! Só que o beijo não engorda e chega a queimar 12 calorias em 1 minuto.

Mas nem por isso dá para abusar. Lembre-se do recado dos Ministérios.

Nessas situações, o limite depende de cada um de vocês. Sabe aquele velho ditado que diz "quando um não quer, dois não brigam"? Então, um só vai avançar o sinal se o outro permitir.

E não é por ser homem que está liberado. Os garotos podem tranquilamente dar os limites para as meninas se não estiverem a fim! Direito é uma mão de duas vias e serve para os dois.

Outra coisa: não dá para ficar achando que o garoto é "O CARA" só porque "fica" com várias meninas uma só noite. É legal os garotos saberem que existe uma turma grande de meninas que encara esse rapaz como um exemplar mais legítimo da espécie "galinha". E vocês querem ficar mal na fita com elas? Fiquem espertos aí, hein!

Sabemos que não é tão simples, porque os colegas e mais a torcida do Vasco, Corinthians, Flamengo e Santos (acrescente aqui o seu time!) ficam vigiando pra ver se ele vai dizer não. Às vezes, o garoto sai com a garota só para ela não dizer que ele é "bicha".

Mas já passamos do tempo de mudarmos esse papo preconceituoso. Achamos que pode ser bem bacana você propor a um dos seus professores fazer um debate sobre esse assunto em sala de aula.

Quando o "ficar" vai ficando com cara de compromisso, é o "**rolo**", um passo para o **namoro**, cola na roupa inteira, porque é um grude só, para separar é um sacrifício. Trabalho do colégio, amigos, ir à casa da avó, fica tudo para segundo plano.

O namoro é o primeiro exercício de convivência a dois, de um relacionamento sério, sinal de que estão mesmo apaixonados.

Vamos ver qual é a opinião da Thais, de 15 anos, aluna de uma das escolas que visitamos:

Curiosidade

DIA DOS NAMORADOS

No século II da era cristã, o imperador romano Claudius resolveu impedir o casamento de seus soldados. Insano, Claudius acreditava que os soldados solteiros envolviam-se muito mais nas batalhas do que os casados, que deixavam para trás suas amadas.

Foi então que o bispo católico Valentine tomou a decisão corajosa de enfrentar a determinação imperial e, secretamente, celebrar o casamento de jovens apaixonados.

Impressionado com a valentia e a popularidade de Valentine, Claudius convocou o bispo ao seu palácio. Valentine seria perdoado da punição por contrariar a norma se renunciasse ao cristianismo. O bispo selou sua sentença de morte ao recusar a renúncia e, imprudentemente, tentar converter o imperador à sua religião. Aguardando a execução, o próprio Valentine se apaixonou por uma jovem cega, filha do carcereiro. Diz a lenda que a paixão foi tão pura e intensa que, nos poucos dias que conviveram, os enamorados experimentaram o milagre do amor: a jovem recuperou a visão.

Para selar as juras que trocava por escrito, o bispo assinava o cartão que deu origem aos que conhecemos hoje, sempre da mesma forma: "do seu Valentine". O costume sobreviveu ao bispo, que acabou sendo apedrejado e decapitado. O primeiro cartão de amor de que se tem notícia depois da triste história de Valentine foi enviado por Charles, duque de Orleans, para sua esposa, no período em que ele esteve preso na Torre de Londres, mais de cinco séculos atrás. A partir daí, o hábito de presentear a amada com palavras de amor se popularizou e, aos poucos, ganhou o mundo.

O Dia dos namorados, que no Brasil é comemorado em 12 de junho (véspera de Santo Antônio, o santo casamenteiro), costuma ser conhecido mundo afora como "Dia de Valentine". Por isso que, em vários países, a frase que encerra o discurso amoroso do cartão que celebra esse dia, é "de seu Valentine".

Nos Estados Unidos, essa data é comemorada no dia 14 de fevereiro, data da morte de Valentine — na Idade Média, correspondia ao primeiro dia de acasalamento dos pássaros.

Marcos Ribeiro e David Lucas

"Sobre rolo, ficar e namoro... Pela minha idade, eu ainda acho melhor um rolo, mas também depende muito da pessoa, pois se você ficou com uma pessoa que não vale a pena, ficou só por ficar, esquece e parte pra outra por quem você sinta algo. Pelo menos comigo é assim e eu mesma não gosto de ficar por ficar; pra mim tem que ter sentimento e tudo mais. Mas nem sempre é assim com todas as meninas da minha idade. Namoro, na minha faixa etária e no meu ponto de vista, não vale muito a pena; a pessoa se sente presa e nem todo mundo consegue ser fiel. E, cá entre nós, adolescência é muita curtição, é um momento de descobrir as coisas".

Você concorda com ela? Qual sua opinião sobre esse assunto?

Talvez vocês nem entendam o que está acontecendo no momento, rolando na cabeça, mas é comum na idade de vocês essa montanha-russa de sentimentos, quando um dia a pessoa é tudo na sua vida, e, no outro, o garoto ou a menina do prédio ao lado é que você faria tudo para namorar. Tudo isso faz parte desse aprendizado, e essa é a fase das descobertas, que faz ambos se conhecer melhor e exercitarem sentimentos como lealdade, respeito, doação, e não utilizar a pessoa apenas para satisfazer sua vontade ou interesse.

"Mas qual é o momento certo para que isso aconteça?"

Não há receitas e nem o momento certo. Simplesmente acontece, e você vai saber a hora, porque o sentimento em relação à pessoa muda e você percebe que não é só amizade, vai além de uma "ficada". Você vai notar que o brilho do olhar muda e que o coração, quando você encontra essa pessoa, parece a bateria de uma escola de samba.

A garota na paquera
"Mas quem deve dar o primeiro passo?"

Duas colegas passeiam. Passa um garoto do lado e fica olhando, paquerando uma delas. Ela vira a cabeça e finge que não está nem aí. Quando estão distantes, olha pra colega e diz: *"Vê se ele ainda está me olhando!"*.

Aprendemos que, geralmente, é o homem quem deve tomar a iniciativa. E muita gente acredita nisso. Ou, ainda, que a mulher não pode dar o primeiro passo e nem demonstrar que está a fim.

Bobagem isso! Essa história mudou há muito tempo, e tanto a garota quanto o garoto podem sinalizar quando estão a fim. O cuidado que ambos devem ter é não se exporem a riscos de violência.

O garoto na paquera
"E quando o garoto não está a fim de quem está paquerando ele?"

Dois colegas andam na rua. Passa uma menina e olha com interesse para um deles, que não está nem aí. O outro colega começa a zoar: *"Pô cara, maior gata, assim estou te estranhando!"*.

Esse colega acha estranho, porque os garotos aprendem desde pequenos que não podem dizer não, que tem que ser *expert* em sexo e que são professores da matéria.

E não tem nada a ver essa conversa. As incertezas, as dúvidas, os medos e a ansiedade na hora do beijo, por exemplo, que as garotas têm, então, com os garotos é do mesmo jeito. A cultura machista faz isso com os garotos e isso é muito ruim, porque eles acabam acreditando que não podem demonstrar seus sentimentos com sinceridade.

Quando a vergonha pinta no namoro

A garotada morre de vergonha nessa hora: se aquele garoto com quem se está saindo ou a garota de quem se está super a fim descobrem que você nunca beijou, dá vontade de sumir! Ser BV ou BVL é o último mico que se quer pagar, não é mesmo?

BV?? BVL??? Isso mesmo: Ser **Boca Virgem** (BV) ou **Boca Virgem de Língua** (BVL) faz a garotada da sua idade parecer criancinha. E existe algo pior para garotos e garotas serem considerados crianças aos 12 ou 14 anos, justamente quando já se sentem dono do "próprio nariz"?

Também não adianta "chutar o pau da barraca" e sair beijando a primeira pessoa que você vê, como normalmente acontece na balada. Não é desse jeito que vai deixar de ser BV ou BVL.

Papo para escola

Para você levar para sua escola:
Aula de Música e Artes: que tal organizar um concurso de música, com o tema "namoro, ficar, paixão..."?
Aula de Português: que tal um concurso de poesias com esse tema?
O professor pode aproveitar e apresentar os grandes compositores da nossa música e autores da nossa literatura, que tratam desse tema.

Tribo Adolescente

Galera: tudo acontece no tempo que tem que ser. E beijar a primeira pessoa que pintou na frente só para não ser a única que ainda é "virgem de boca", é a maior furada.

É muito comum o primeiro beijo não ser aquela maravilha toda. Às vezes, a plateia, o coro que os amigos fazem — Beija! Beija! Beija! — fazem os dois ficarem sem jeito, e aí tudo é muito rápido e sem graça.

Mas sem querer pegar no seu pé, a gente reforça aqui de novo: não tenha pressa, não vá pela cabeça dos colegas, e como ninguém nasce sabendo tudo, a cada dia — e isso será pela vida toda — você vai aprender um pouco.

Procure conversar com um amigo ou uma amiga bacana pra quem você costuma contar seus segredos, veja que professor pode te orientar e, melhor ainda, procure ter um papo claro e cheio de confiança com os pais.

Sabe de uma coisa? Nessa conversa, eles também podem aprender com vocês.

Outras tribos

Como temos falado aqui no livro, a sexualidade — e essa conversa inclui também a discussão sobre relacionamento — muda muito de acordo com a cultura. E cada país ou continente tem seus hábitos, tradições e costumes, de acordo com a sua realidade.

Vamos ver como acontece à vivência da sexualidade em outras culturas. É bem diferente do jeito que se dá aqui no nosso país e, em muitos casos, não conseguimos nem imaginar a gente passando por esses rituais. Mas, para eles, é tudo muito natural.

"Namoro" dos esquimós

Os esquimós são povos autóctones, ou seja, originários do Polo Norte. Vivem em regiões da Sibéria, Alaska, Groelândia e Canadá. Eles têm uma compreensão muito diferente sobre o que é casamento e relações afetivas.

Por causa do clima extremamente frio do Ártico, que dificulta encontrar comida suficiente, eles viajam muito para caçar. Nessas ocasiões, se a esposa não puder acompanhá-lo por algum motivo (às vezes, os cuidados com um filho mais novo ou uma doença), ele pode pedir a mulher do vizinho emprestada. E isso é completamente normal, desde que a acompanhante seja devolvida no retorno. É como se o casamento entre a mulher que viajou e o marido que a "emprestou" ficasse suspenso. Mas ele não se rompe.

Se a mulher engravidar durante a viagem, quem assume a criança é o marido que emprestou a esposa, mas o pai biológico também vai manter vínculos de amizade com o "filho".

O adultério (considerado traição) só se concretiza se a "esposa" não for devolvida.

Outro hábito muito comum é o de compartilhar a esposa com um visitante. Essa prática é ancestral e, além de ser interpretada como expressão de boas-vindas, os esquimós acreditam que evita catástrofes, como as avalanches.

Capítulo 5

Tribo da camisinha & cia
e Doenças Sexualmente Transmissíveis

Alguém duvida da importância da camisinha nos dias de hoje? Há garotos que dizem que o pele a pele que é bom; outros, que usar camisinha é transar com o pênis encapado; ou que é o mesmo que chupar bala com papel. Mas ninguém deve ligar para essas bobagens, porque é fundamental a prevenção em toda relação sexual. E não é bem assim esse papo de que a camisinha tira a sensibilidade.

A camisinha (*condom*, camisa de vênus ou preservativo) tem duas funções:

1 Prevenção de uma gravidez não planejada.

2 Prevenção das Doenças Sexualmente Transmissíveis (DST), o que inclui a AIDS.

A responsabilidade dessa prevenção cabe a homens e mulheres. Normalmente, os garotos acreditam que, no caso da gravidez, essa história pertence apenas à garota, porque é ela quem carrega o bebê. Mas nada a ver.

É muito importante que uma transa seja planejada e que a camisinha esteja sempre dentro da bolsa ou mochila, para quem já tem vida sexual.

Essa conversa de aproveitar que a mãe foi ao mercado para uma transa rapidinha é a maior roubada. Geralmente, nessas horas o casal não tem nenhum cuidado e se esquece da prevenção. Claro que a gente sabe que rola a maior adrenalina, mas, galera, não se esqueça do famoso ditado: *"Quando a cabeça não pensa, o corpo é que padece"*.

A camisinha é um dos métodos anticoncepcionais (para evitar ter filho) e tem uma dupla proteção, como falamos anteriormente. Como protege das DST, incluímos esse assunto neste capítulo. Falaremos dos outros métodos no próximo, combinado?

"Eu tenho 15 anos e desde que era pequeno sempre ouvi falar de camisinha!"

Não só você, mas seu pai, avô e bisavô também, porque a camisinha é algo milenar, existe há séculos. Claro que era de outro jeito e ao longo dos anos foi mudando, até chegar a esse modelo que conhecemos.

A história é mais ou menos a seguinte:

1850 a.C. Segundo o papiro de Petri, um pedaço de pano lambuzado com uma pasta feita com excremento de crocodilo e mel, para ser colocada no fundo da vagina, foi o primeiro contraceptivo sob prescrição médica — barreira conhecida para evitar a entrada do esperma.

1350 a.C. a 1200 a.C. No antigo Egito, algumas gravuras já mostravam homens com o pênis envolvidos com invólucros feitos de tripas de animais.

Marcos Ribeiro e David Lucas

Cerca de 1564. O médico italiano Gabriel Fallopius recomendava que o homem colocasse no pênis um saquinho de linho, amarrado com um laço. O objetivo era unicamente prevenir contra as Doenças Sexualmente Transmissíveis.

Um século depois. Dr. Condom (reparou que esse é um dos nomes dados à camisinha?), preocupado com o número ilegítimos do rei Carlos II da Inglaterra, criou um protetor para o pênis feito com tripas de animais. A intenção era clara: evitar o nascimento de mais bastardos.

1870. Surgimento das primeiras camisinhas de borracha, mas elas eram bem grossas e caras. Por causa disso, os homens lavavam a camisinha para usar mais de uma vez.

1939. Chega ao mercado a camisinha que conhecemos hoje, de látex, feita a partir da seiva concentrada da seringueira.

Viu como foi evoluindo ao longo dos séculos? Não dá nem para comparar não é? Então, se atualmente ela não é feita mais com excremento de crocodilo ou tripas de animais, não tem desculpa para não usar, já que está bem mais simples e prática, fina e elástica.

Curiosidade

No Brasil, a camisinha também é conhecida como camisa de vênus, em alusão a Vênus, deusa grega do amor.

Assim se usa a camisinha masculina
Garotada, antes de usar a camisinha é preciso:

1 Checar o prazo de validade, verificar se tem selo do Imetro (que comprova ter sido testada e aprovada pelo Ministério da Saúde) e se não está furada.

2 Saber onde guardá-la. Não é em qualquer lugar que se pode guardar a camisinha. Saiba que a carteira ou o bolso da calça **não são** lugares adequados, porque o calor ou o movimento do andar, e sentar pode danificá-la.

3 Conversar a respeito antes de transar. Na hora H, não dá para ter esse papo de usar ou não usar. E se o namorado ou a namorada se recusa, não tem papo. E a regra é a seguinte: **sem camisinha, não tem festinha**!

Como abrir

A embalagem já vem picotada nas pontas, o que facilita sua abertura. Não é muito seguro abrir utilizando a tesoura ou os dentes, porque sem querer você pode rasgar a camisinha.

Como usar

1 Coloque a camisinha logo que o pênis ficar ereto, antes da penetração.

2 Prense com os dois dedos o reservatório da camisinha (na ponta) para tirar o ar, encaixe no pênis e desenrole até o final, pressionando devagar para não entrar ar. Esse espaço reservado na ponta da camisinha é para o esperma ficar depositado depois da ejaculação — e o fato de se ter retirado o ar evita que a camisinha se rompa.

Usou? Embrulha e joga no lixo.

> **Tá ligado?**
>
> 1. Camisinha só se usa uma vez. NUNCA reutilize a camisinha.
> 2. As camisinhas já vêm lubrificadas. Mas caso queira usar algum lubrificante, utilize os feitos a base de água. Não utilize os feitos a base de petróleo, como a vaselina, por exemplo, que corrói o látex, material de que é feito a camisinha. Cremes hidratantes e óleos para bebês também não podem ser usados!.

3 Após ejacular (gozar), e antes que o pênis fique mole, retire a camisinha, segurando com cuidado nas bordas para o esperma não escorrer.

4 Em seguida, dê um nó, enrole num papel e jogue no lixo.

Assim se usa a camisinha feminina

A camisinha feminina é bem mais recente, de 1990. Foi desenvolvida no Reino Unido e hoje já podemos encontrar à venda nas farmácias, sem problema. Diferente da camisinha masculina, que precisa ser colocada quando o pênis está ereto, ou seja, durante a transa, a feminina pode ser colocada até 8 horas antes.

Do mesmo jeito que a camisinha masculina, ela protege de uma gravidez não planejada e de Doenças Sexualmente Transmissíveis.

Há também recomendações sobre a camisinha feminina. Você deve:

1 Checar o prazo de validade.

2 Verificar se o envelope está bem fechado e seco.

Como abrir

Cuidado para não danificar a camisinha na hora de abrir a embalagem. Siga a indicação da seta que consta no envelope.

Como usar

1 Procure colocá-la da maneira que se sentir mais confortável:
- pode ser com um pé em cima da cadeira, abrindo um pouco as pernas e afastando o joelho;
- sentada na cama com os joelhos afastados;
- deitada de costas com as pernas dobradas.

Atenção: O anel interno (a parte fechada da camisinha) é para ficar na parte de dentro, no fundo da vagina.

2 Com a mão, abra os pequenos lábios. Utilizando somente dois dedos, dobre esse anel interno (o formato lembra o nº 8) e vá colocando no canal da vagina até o final.

3 Para não restar dúvida, introduza um ou dois dedos na vagina para ter certeza de que a camisinha não ficou torcida e que o anel externo (a parte aberta) está direitinho do lado de fora, cobrindo os grandes lábios.

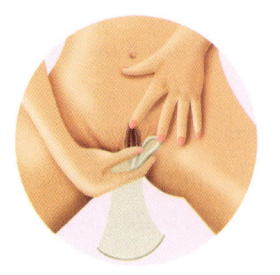

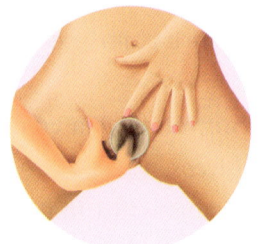

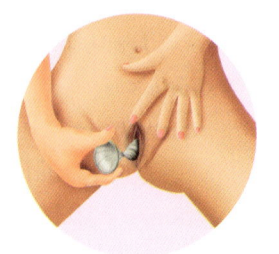

Usou? Embrulha e joga no lixo.

4 Ao acabar a transa, depois da ejaculação do rapaz, segure a parte externa (na borda), dê uma torcida (para que o esperma não escorra) e com cuidado puxe para fora da vagina.

Em seguida dê um nó, enrole num papel e jogue no lixo.

É importante você saber:
- Como a masculina, a camisinha feminina só se usa uma vez. NUNCA reutilize a camisinha.

- Elas já vêm lubrificadas para facilitar o ajuste na vagina, mas, se for o caso, você pode usar um lubrificante. Mas é importante lembrar o que **pode** e **não pode**, conforme falamos no box *"Tá ligado?"*.

- Antes de usar a camisinha feminina pela primeira vez, converse com o seu médico ginecologista. Ele poderá esclarecer outras dúvidas que você possa ter.

— Vocês falaram aqui no livro que a camisinha masculina é feita de látex. E a feminina, qual o material?

É feita de poliuretano, um plástico resistente e seguro. Mas já temos no Brasil camisinhas femininas de látex, num custo mais baixo e de melhor colocação.

— Tem diferença entre a camisinha de farmácia e a do posto de saúde?

Sim. Uma você compra. Outra você pega.

— Ah! David e Marcos, vocês estão muito engraçadinhos.

Sério: não há diferença nenhuma, ambas são seguras.

— *Infelizmente, tem pessoas que não usam ou não querem usar a camisinha por causa da tal "perda" da sensibilidade...*

O material da camisinha é superfino. Será que vai atrapalhar mesmo o prazer e tirar a sensibilidade? Talvez seja mais machismo dos garotos do que outra coisa.

Vamos fazer um teste?

Coloque uma camisinha em dois dedos seu. É isso mesmo, em dois dedos. Pegue dois copos com água: gelada e morna.

Coloque os dedos nos dois copos: primeiro no de água gelada e depois no de morna. Aí a gente pergunta: tirou a sensibilidade? Conseguiu sentir a temperatura das águas? Então, cara, deixe de bobagem e use camisinha em toda transa!

— *Como pedir para ele usar camisinha se é nossa primeira transa e eu tenho vergonha e mesmo medo de que ele ache que não confio nele? E se ele desistir de ficar comigo?*

Antes de pensar o que ele vai achar, você precisa se proteger. Diga a ele que quem ama cuida e quem cuida ama.

E se o carinha desistiu de você — ou a menina, porque o cara só transa se for de camisinha —, certamente não era a pessoa certa. Legal é o garoto e a garota que só transa de camisinha.

— *Pode fazer sexo oral com camisinha?*

Sim. Para se proteger de uma doença, é fundamental que o sexo oral seja com camisinha sim.

E para quem não sabe: sexo oral é quando um ou outro tem seu órgão genital estimulado pela boca.

— *A camisinha comigo já estourou umas três vezes...!*

Talvez ela não esteja sendo usada adequadamente, com todos aqueles passos que falamos anteriormente. Mas tem mais: a camisinha está sendo guardada de forma adequada? Será que ao abrir a embalagem com os dentes você não danificou a camisinha? Vocês estão apertando na ponta e tirando o ar? Isso é fundamental, porque se não for feito ela tem tudo para estourar por causa do ar que fica em seu interior.

— *Eu tenho medo de pagar mico diante da garota!*

Uma dica é você treinar sozinho no banheiro. Ou numa banana. Não, não é brincadeira, é papo sério. Assim você vai ficar mais seguro quando tiver que usar de verdade.

Outra coisa: ninguém nasce sabendo. É igual a andar de bicicleta. No começo pode ser mais difícil, sair cambaleando, mas com o tempo e a prática, tudo entra nos eixos.

— *E se a camisinha ficar apertada?*

A camisinha se ajusta a diferentes tamanhos. Mas se mesmo assim causar incômodo, tente outras. Desde 2001, aqui no nosso país, já são vendidas camisinhas com variações de tamanho.

Tá ligado?

Sinal vermelho:

Não se deve colocar uma camisinha em cima da outra. O atrito de uma borracha na outra facilita seu rompimento.

E, pelo mesmo motivo, não é aconselhável que o homem use camisinha e a mulher também, ao mesmo tempo.

Doenças que devem passar longe

Doenças Sexualmente Transmissíveis (incluindo a AIDS)

As Doenças Sexualmente Transmissíveis, como você já pode ver pelo nome, são aquelas que as pessoas contraem por meio das relações sexuais quando um dos dois está com a doença. Elas são conhecidas como DST (pelas iniciais).

Como saber que está com alguma DST?

As **DST** podem se manifestar por meio de corrimentos, inchaço, feridas, caroços e coceiras nos órgãos sexuais ou dor/ardência ao fazer xixi.

Mas nem sempre é assim: pode ocorrer de não haver sintomas aparentes, apenas internos, o que não significa que a pessoa não possa passar a doença para outra. Entenderam?

Outra coisa: a via sexual é a principal forma de transmissão, porque os seus causadores, que são os vírus e as bactérias, preferem os ambientes mornos e úmidos. E em que parte do corpo é mais fácil de encontrar esses ambientes? Nos órgãos genitais (pênis e vulva), no ânus e na mucosa da boca.

Algumas pessoas costumam dizer que pegaram uma dessas doenças em assentos de banheiros, piscina, ao usar toalhas de outras pessoas e por outros meios. Mas esses microrganismos só vivem fora do corpo humano por segundos e cada caso é um caso. O importante é, sempre que surgir qualquer desconfiança, procurar um médico e buscar tratamento adequado.

Curiosidade

No passado, as DST eram conhecidas como doenças venéreas por causa de Vênus, nome da deusa grega que representa o amor.

Mas como evitar?

Sempre usar camisinha, que protege a pessoa das DST.

Conhecer seu corpo e ter cuidados com a higiene, como conversamos no início do livro, são muito importantes para que você perceba quando surgir qualquer alteração no seu órgão sexual.

Sendo assim, antes de ter relação sexual, consulte um médico, que irá orientar e esclarecer outras dúvidas que você possa ter. Esse é o primeiro cuidado que se deve ter.

Papo que não rola

- Vergonha. O profissional de saúde está ali para atender igualmente a todas as pessoas. Claro que sabemos que o assunto é delicado e estamos falando de intimidade, mas não vale ter vergonha, isso não ajuda em nada, muito pelo contrário, só atrapalha no diagnóstico para saber o que está acontecendo, que doença você pode ter.

- Amigos são cheios de boas intenções. O cara que trabalha no balcão da farmácia também. Boa intenção é uma coisa, mas conhecimento sobre a doença e o melhor tratamento é outra completamente diferente.

Portanto, não se deixe levar pelo remédio ou pela pomada utilizada pelo amigo e nem pela indicação do balconista. Isso pode acabar te prejudicando. Procure sempre um profissional de saúde.

Vamos conhecer uma por uma
Gonorreia ou blenorragia

A gonorreia é causada por uma bactéria (gonococo).

Sintomas

Dor ou ardência ao urinar; corrimento amarelado ou esverdeado saindo do pênis ou da vagina; nas mulheres, dor abdominal.

Herpes genital

É causada por um vírus (herpes simples I ou II).

Sintomas

Herpes Simples II: inflamação ou irritação no rosto, na boca e nos lábios.

Herpes Simples II: bolhas ou feridas no pênis, na vulva ou no ânus. Ainda podem ocorrer dores de cabeça e febre.

A herpes não tem cura. Os sintomas duram alguns dias e costumam desaparecer sozinhos. Mas dependendo do estado da pessoa (muito cansada, estressada, febre, entre outros fatores, como exposição ao sol), ela volta a se manifestar, já que o vírus está no organismo.

Tá ligado?

A herpes é bastante contagiosa e a transmissão acontece quando essas bolhas se rompem e o líquido entra em contato com a pele. Então, um simples beijinho pode transmitir a doença, se essa bolhinha estourada estiver próximo dos lábios.

Verrugas venéreas ou condiloma acuminado:

As verrugas venéreas são causadas por um vírus (HPV).

Sintomas

Verrugas em volta do pênis, da vulva, do ânus e na vagina. A sua aparência, quando as verrugas estão juntas, lembra uma couve-flor. Podem ocorrer lesões na garganta pela prática do sexo oral sem camisinha.

Existem, mais ou menos, 110 tipos de HPV, mas apenas 20 provocam o câncer no colo de útero, ânus e pênis. E mesmo com a camisinha, deve-se ter cuidado com a secreção, se houver lesão nessa região (por exemplo: no períneo e no ânus).

Galera, essa é uma doença que está crescente no Brasil.

Sífilis

A sífilis é causada por uma bactéria (*Treponema pallidum*).

Sintomas

Aparecem feridas no pênis, na vagina, no colo do útero, nos lábios e na língua.

Essas feridas (cancro duro) aparecem no início e depois somem, dando para a pessoa a impressão de que está tudo bem, que a doença sumiu. Engano. Ela continua se desenvolvendo no organismo, podendo chegar a estágios mais avançados e causando complicações sérias, como perda de cabelo, cegueira, paralisia e problemas do coração.

Daí a importância de procurar o médico assim que aparecer qualquer sintoma, ou se você estiver com alguma desconfiança. Vale o que falamos antes: nada de ir pela cabeça dos outros na hora do tratamento.

Tricomoníase

A tricomoníase é causada por um protozoário (*Trichomonas vaginalis*).

Sintomas

Dor ao urinar; coceira nos órgãos sexuais e coxas; dor abdominal; o pênis pode ficar com vermelhidão; inflamação na próstata, na vagina e no colo do útero.

Uma recomendação especial às mulheres: o corrimento proveniente da inflamação pode ser confundido com outros que são comuns. No entanto, o corrimento com um cheiro ruim, que não é comum dentro de um padrão de normalidade, deve ser investigado.

Candidíase
A candidíase é causada por um fungo (cândida).
Sintomas
Irritação, manchas brancas e vermelhidão no pênis; inflamação na uretra; inchaço da vulva (parece que a mulher está com assadura); coceira e corrimento nas mulheres.

Galera, como essa doença é transmitida por um fungo, a pessoa também pode se infectar através de toalhas molhadas, praias, piscinas ou usando a roupa de banho (sungas e biquínis) molhada de alguém que tem a doença. E isso ocorre porque os fungos gostam dos lugares quentes, úmidos e pouco ventilados. Turminha: fiquem mais atentos no verão!

Clamídia
A clamídia é causada por uma bactéria (*Clamidia trachomatis*).
Sintomas
Secreção clara saindo do pênis antes de fazer xixi e ardência nessa hora. Os sintomas nas mulheres podem não aparecer, mas a infecção pode atingir o útero e as tubas uterinas.

TRATAMENTO PARA DST

Procure um médico ou Unidade de Saúde para o tratamento. Cada doença (DST) tem sua especificidade e os sintomas, por serem muito parecidos em algumas, podem confundir o diagnóstico. Além disso, algumas não apresentam sintomas aparentes, mas só internos, como vimos.

Não caia na conversa que urinar ou fazer uma ducha após a transa evita uma DST.

AIDS

A AIDS é a doença mais grave de todas as DST. Até hoje não foi encontrada a cura para a doença e os casos têm aumentado entre a garotada. Por isso, vamos falar sobre ela com mais detalhes.

A AIDS é causada por vírus (HIV).

AIDS = *Acquired Immunodeficiency Syndrome (em inglês)*

SIDA = *Síndrome da Imunodeficiência* Adquirida (em português)

Nós aqui no Brasil usamos a abreviatura em inglês — é a que você conhece, não é? Mas alguns países utilizam a abreviatura SIDA, como Portugal, os países de língua espanhola, e no Brasil também é usada por alguns profissionais.

Como acontece?

Todos nós temos no nosso organismo um sistema de defesa (sistema imunológico), que tem como função nos proteger das doenças.

Pense num quartel e seus soldados, que impedem a entrada de invasores. O sistema imunológico é assim.

Sem os soldados, o que acontece com o quartel? É invadido pelos inimigos, certo? No corpo, é mais ou menos do mesmo jeito: sem a proteção, a pessoa pode contrair o vírus e desenvolver vários tipos de infecções.

E o que o HIV faz? Ele destrói esse sistema de defesa.

Sem essa defesa, aparecem as infecções ou as chamadas doenças oportunistas.

É assim: essas doenças são as que se aproveitam do fato de o organismo estar sem proteção e com imunidade baixa e atacam. Por isso elas são conhecidas como oportunistas.

Voltando a conversa do quartel: sem os soldados na entrada (sistema imunológico), os inimigos (HIV) invadem e atacam (as doenças oportunistas). Assim, sem proteção e sem ninguém que as impeçam, elas crescem sem controle e podem até matar.

Mas que doenças são essas?

Tuberculose, pneumonia, entre outras.

Quais são os sintomas?

Febre, perda de peso muito rápida, diarreia, ínguas, manchas pelo corpo e muito cansaço. A esses sintomas se somam mais alguns da doença oportunista que a pessoa contraiu.

Mais importante: mesmo sem apresentar nenhum sintoma, a pessoa pode estar com o vírus da AIDS no organismo.

Bateu uma interrogação? É fácil de entender: a pessoa pode ter o vírus HIV no organismo sem apresentar nenhum sintoma. Nesse caso, dizemos que a pessoa tem o vírus HIV, mas não manifestou os sintomas da doença. Mas mesmo assim vai passar para outra pessoa se tiver algum contato sexual sem proteção, compartilhar seringas contaminadas — ou de mãe para filho, durante a gravidez e a amamentação. E isso pode durar anos, galera, sem nenhum sintoma, nada aparente. Mas se fizer exame vai dar positivo.

Marcos Ribeiro e David Lucas

A gente só pode dizer que alguém está com AIDS ou é "doente de AIDS" quando começa a apresentar os sintomas da doença.

Assim pega
- Relação sexual (penetração anal e vaginal) sem camisinha.
- Sexo oral sem camisinha.
- Dividir agulhas e seringas contaminadas (isso geralmente ocorre com os usuários de drogas injetáveis).
- Através da transfusão de sangue.

No passado, a contaminação por transfusão de sangue era mais frequente no nosso país, porque não havia um controle mais rígido dos bancos de sangue. Hoje em dia essa situação já foi superada.
- Da mãe para o filho, quando ela tem o HIV, durante a gravidez e a amamentação.

Curiosidade

Você já viu um laço de fita vermelho, que simboliza a AIDS e a solidariedade para com a doença?

Normalmente, vemos esse laço com mais frequência no dia 1º de dezembro, que é o Dia Mundial de Luta contra a AIDS.

A ideia foi criada em 1991 por um grupo de profissionais de Nova York. O objetivo era homenagear amigos que tinham morrido ou estavam doentes de AIDS.

O laço foi escolhido por causa de sua ligação ao sangue e sua referência à paixão. Foi inspirado no laço vermelho que honrava os soldados americanos mortos na guerra do Golfo.

Assim não pega
- Abraçar e beijar.
- Dormir junto, andar de mãos dadas, usar a mesma toalha ou dividir o mesmo prato, copo ou talher.

- Estar na praia ou no banheiro junto.
- Suor, lágrima e saliva.
- Aquele mosquito enjoado também não transmite.

Assim não pega, mas atenção
- O alicate usado pela manicure, as agulhas e lâminas de barbear não passam o vírus da AIDS, desde que não tenha sido acabado de usar numa pessoa que tenha o vírus e seja utilizado imediatamente em você. Mas, mesmo assim, o objeto teria que estar com uma boa quantidade de sangue e ainda assim seria muito difícil, porque o vírus não sobrevive em temperatura ambiente e morre em milésimos de segundo.
Mas alguém vai permitir uma coisa dessas? A gente acredita que não, até por uma questão de higiene!

Papo reto
Quando falamos de AIDS, não podemos nos esquecer do preconceito em torno do assunto. Por isso, é importante saber que uma pessoa com AIDS é igualzinha a você, com os mesmos direitos e deveres.

Aqui, então, não rola esse papo de tratar com diferença ou distância, combinado?

Muitas vezes o preconceito vem pela falta de conhecimento do assunto.

Por fim vale a pena você saber
Nenhuma escola pode negar matrícula ou impedir que o aluno com HIV assista aula, segundo Portaria Interministerial dos Ministérios da Educação e da Saúde (n.º 796/92).

Segundo o advogado **Dr. Marcelo Turra:**
"Essa portaria também determina que alunos, professores e funcionários não são obrigados a informar à direção da escola sua condição de soropositivos, assim como não é obrigatório a realização de exames como pré-requisito para a admissão na escola ou matrícula do aluno".

Vamos combinar uma coisa? Caso você tenha na sua escola um colega com o vírus da AIDS, aproveite a oportunidade para exercitar sentimentos e atitudes como lealdade, solidariedade, afeto e não discriminação e preconceito.

Papo para escola

Como os professores de diferentes disciplinas podem trabalhar esse tema?

Geografia e Matemática: estudar as regiões do Brasil onde se concentram o maior número de casos de AIDS. Os dados podem ser organizados em tabelas, nas aulas de Matemática.

Biologia: trabalhar o tema DST, os agentes causadores e suas consequências.

História: discutir a importância do uso da camisinha e o que acontecia em cada momento histórico nas etapas de evolução do preservativo.

Português: trabalhar textos literários e pesquisar os sites que tratem das DST.

Inglês (ou o idioma que você estuda): associar a tradução com informações sobre a doença e os avanços das pesquisas, em sites internacionais.

Artes: fazer uma campanha na escola sobre a importância da camisinha.

Educação Física: trabalhar o corpo e a importância da prevenção, associando a saúde e higiene.

Tratamento para AIDS

Como todos sabem, a AIDS não tem cura, mas a medicação utilizada tem dado uma vida mais tranquila para quem tem a doença. Os cuidados necessários às vezes exigem uma adaptação da vida cotidiana do paciente, mas isso pode acontecer com qualquer outra doença.

Outras tribos

Como temos falado aqui no livro, a sexualidade — e essa conversa inclui também a discussão sobre doenças — muda muito de acordo com a cultura. E cada país ou continente tem seus hábitos, tradições e costumes, de acordo com a sua realidade.

Vamos ver como acontece à vivência da sexualidade em outras culturas. É bem diferente do jeito que se dá aqui no nosso país e, em muitos casos, não conseguimos nem imaginar a gente passando por esses rituais. Mas, para eles, é tudo muito natural.

Histórico de algumas doenças

Apesar de evidências de casos de sífilis desde a Pré-história, a Itália e a França estão à frente de uma disputa no mínimo constrangedora: nenhum dos dois países quer ser o primeiro a ter transmitido a sífilis para o mundo.

Como assim?

Aconteceu em 1455, quando houve o primeiro registro do surto da doença. Conta-se que quando o rei da França, Carlos VIII, invadiu a Itália e conquistou Nápoles, os seus mercenários teriam contraído sífilis através do contato sexual com a população local. Os italianos, por sua vez, diziam que quem trouxe a sífilis para a Itália foram os franceses.

> Essa disputa sobrou até para Cristóvão Colombo, que foi acusado de trazer a sífilis a bordo de seus navios que retornavam do Novo Mundo.

Capítulo 6

Tribo que não dá bobeira pra gravidez!

Primeira transa, virgindade, hímen e outros papos

Antes de conversar com você sobre a gravidez, vamos falar um pouco sobre a *primeira vez*, que é difícil para a garota, mas também não é mole não para o garoto. Os dois criam uma expectativa danada e ficam cheios de medos.

E se doer? E se o garoto quer só se aproveitar de mim? E se eu engravidar? E se meus pais descobrirem? São as dúvidas das garotas.

Mas se na hora "H" eu falhar? E se eu não conseguir fazer direito? Onde transar? Se eu não topar, ela pode achar que sou bicha! São os medos dos garotos.

Todas essas questões são comuns nessa idade, quando cada um está descobrindo a sexualidade, num momento muito especial. Por isso a gente acredita que você deve pensar muito bem sobre as decisões que vai tomar — e isso envolve todos os aspectos da sua vida! — e não ir pela cabeça dos colegas. Cada um tem o seu momento. Pode ter chegado para a melhor amiga ou aquele cara que joga bola na rua, mas pode não ter chegado para você.

A escolha é sua! O momento é seu! Tudo acontece no tempo que tem que ser!

Garotas: para ser bacana e com segurança, a primeira vez só deve acontecer quando você de fato estiver preparada. É preciso assumir as consequências e saber que uma transa, sem cuidado, pode resultar numa gravidez não planejada e/ou numa Doença Sexualmente Transmissível.

Garotos: muitos colegas ficam zoando se o cara nunca avançou o sinal com a "ficante" ou namorada. Não entra nessa de querer mostrar uma coisa que não você é ou nunca fez. Não esqueça que você pode engravidar uma garota mesmo na primeira transa. Ah! O papo da prevenção de doenças também serve pra você, tá valendo cara?

"Qual a idade ideal para a primeira relação?"

Não há receita e nem nós aqui vamos dizer que é essa ou aquela idade. O que vamos repetir mais uma vez e sempre: tenham responsabilidade. Não é um papo chato, e a gente não quer que você se dê mal ou se arrependa manhã.

Quando a garotada está com muita dúvida, certamente não é o momento certo.

Vamos ver qual a opinião da Thais, de 15 anos, aluna de uma das escolas que visitamos:

"Na adolescência, esse negócio de primeira vez é mais uma curiosidade. Mas, para mim, tem que ser reservado para um momento especial e com uma pessoa especial, para a primeira vez ficar marcada pra sempre, como fica na maioria das vezes. Mas isso

depende muito das pessoas, das influências e amizades. Tem muita menina e menino por aí que esquecem a parte do sentimento e partem mais pela curtição. Eu não sou assim, por isso não sou a favor disso, prefiro esperar o momento certo, quando cada um se sentir confortável para essas coisas. É lógico, sempre com muito cuidado, prevenção. Eu sou 100% a favor do uso de camisinha, para mim deveria ser obrigatório, porque nenhuma menina nova está preparada mentalmente e muito menos fisicamente para ter um filho".

Você concorda com ela? Qual sua opinião sobre esse assunto?

"A primeira relação dói?"

Depende. Pode doer um pouco ou pode acontecer de a pessoa não sentir nada. Vai depender do fato de a pessoa estar à vontade, num momento que saiba o que está fazendo e num lugar que a deixe relaxada. Não dá para esquecer que é a primeira vez e a tensão está presente o tempo todo.

Para você entender melhor: quando uma mulher não está relaxada e fica tensa, a vagina pode não ficar lubrificada (molhadinha) e os músculos ficam mais contraídos, e por isso pode doer um pouco.

Então, não dá para forçar a barra!

Papo de virgindade e hímen

Para início de conversa, virgem é a garota ou o garoto que nunca teve relação sexual.

Mesmo com tantos avanços, ainda há pessoas que valorizam muito a virgindade. Se para alguns é careta, para outras pessoas não, e devemos respeitar a opinião e escolhas de cada um.

Careta é querer impor a própria vontade, concorda com a gente?

Mas o que acontece é o seguinte: bem na entrada da vagina tem uma pele bem fininha, que se chama hímen. Mas essa pele não é totalmente fechada, tem um buraquinho no meio por onde sai a menstruação e as secreções.

É um erro achar que todas as garotas sangram na primeira vez. Pode acontecer com algumas, mas com outras não. Isso porque existem vários tipos de hímen e um dos deles, o chamado complacente, é mais grosso e resistente, parece um elástico, que estica, se abre, quando o pênis entra na vagina e volta ao que era anteriormente sem romper. Com isso, sem rompimento, não vai ocorrer sangramento.

Eis alguns tipos de hímen: anular, semilunar, trilabiado, complacente, entre outros.

Como você pôde ver, cada garota tem um tipo de hímen, mas o mais comum é o anular. E se ela estiver relaxada, mesmo que o hímen não seja o complacente, pode ser que também não sangre na primeira relação sexual.

O hímen não tem uma função fisiológica, mas para muitos garotos é importante ter sido o **"primeiro"** ou o responsável

Tá ligado?

Há certa cobrança dos amigos (e da própria sociedade também) em relação à virgindade. Há quem acredite que "quanto mais cedo, mais homem é o cara", o que é uma verdadeira bobagem. Como já falamos, tudo tem seu tempo.

E para a mulher, é o contrário: quanto mais tarde, menos "periguete". Outro rótulo, no mínimo machista. Não adianta forçar a barra, pois, assim, um ato que era para ser tão prazeroso, acaba se tornando um furacão de desastres!

por ter **"tirado a virgindade"** da garota, como se isso fosse um troféu para exibir aos colegas, uma prova de masculinidade. Maior besteira!

Você conhece algum garoto que pensa assim?

Nós não podemos deixar de falar para vocês de outro aspecto muito importante dessa conversa: essa é uma visão muito machista.

A mulher não é um objeto, algo que deve estar intacto para uso. Coisas novas e sem uso as pessoas querem quando entram na loja para comprar uma camisa, um tênis ou qualquer outra coisa. Pessoas não são coisas e merecem respeito.

Para os garotos, perder a virgindade não é fácil!

O garoto não "perde" nada, se pensarmos no caso da garota, que "perde" o hímen, mas nem por isso para ele a primeira vez é tranquila. A cabeça parece um liquidificador, com tudo rodando e se misturando dentro: *Como fazer? E se eu não der conta do recado? E se ela achar "ele" pequeno? E se na hora "H" não ficar duro?*

Pode acontecer de o garoto não conseguir controlar e ejacular muito rápido por causa ansiedade (e não só na primeira vez, mas em outras relações também), até que tenha mais segurança. Isso é natural. Os homens mais velhos, quando estão muito ansiosos, podem também não conseguir se controlar e gozar rápido.

O importante é o garoto não cobrar um *desempenho* que não é o dele, porque aí a coisa não rola e o cara sai dessa relação pior que entrou. Deixe as coisas acontecerem naturalmente, sem cobranças.

Gravidez

Sentimento é fogo, não é? Tem garota que acha que uma forma de ficar com o garoto é engravidando dele. E garoto que acha que ser homem é ser pai na adolescência.

Galera, nem uma coisa nem outra. Ninguém prende namorado ou é mais macho tendo filho.

Não sei se vocês sabem, mas é imenso o número de garotas que engravidam e garotos que se tornam pai na adolescência. São milhares todos os anos. Em muitos casos, nas mais diferentes partes do nosso país, há meninas que mal começam a menstruar e já engravidam, aos 12 anos ou até antes. Acreditam nisso? Mas é pura verdade.

Por isso que é fundamental que esse papo sobre sexo aconteça em casa e na escola. A gente acredita que a educação pode mudar essa realidade, que na grande maioria das vezes não é bacana.

Daí que a gente leva fé neste livro, que pode ajudar você e seus colegas à beça. Não vamos dizer "faça" ou "não faça", mas acreditamos que com informação, pensando bem nas atitudes do dia a dia, refletindo sobre suas consequências, será mais fácil tomar decisões e fazer escolhas.

Sabemos que vocês se preocupam com a gravidez, mas tem uma galera que só quer saber do "bem-bom", e na hora de se prevenir acabam relaxando. Claro que ninguém sai de casa sábado à noite para engravidar, mas se sai e transa sem prevenção, o que está querendo?

Vocês têm ideia do que leva a turma a se tornar pai e mãe na adolescência?

1 Muitos adolescentes querem ganhar liberdade em casa, quando os pais prendem muito, e acham que com um filho pode ficar mais fácil.

2 Quando a garota está muito carente, acredita que o filho pode ser essa companhia, que não vai deixá-la sozinha.

3 Há ainda aqueles que querem desafiar pai e mãe, aquele papo de agredir os pais com um bebê novo na casa.

Mas não é só isso. Muitos jovens acabam tendo filho por falta de informação, por não saber se prevenir e por achar que *"isso nunca vai acontecer comigo!"*.

Galera: "isso nunca vai acontecer comigo" é pura fantasia. Não dá pra marcar bobeira e confiar na sorte.

A regrinha que funciona é simples: informação + responsabilidade + prevenção (o que significa usar camisinha, associada a outro método anticoncepcional).

— O meu corpo muda se eu começar a transar? Minha mãe pode saber que eu já transei?

Não. O que acontece geralmente é que, quando as garotas têm vida sexual na adolescência, muitas acham que as mudanças comuns da idade são por causa da transa. Mas nada a ver. Mesmo as que ainda não tiveram sua primeira vez, também vão passar por essas transformações.

— A menina pode engravidar na primeira transa?

Pode sim. Se ela estiver num período fértil (o ovócito saindo do ovário e caminhando pela tuba uterina) e não usarem nenhum método para evitar uma gravidez, como a camisinha, pode acontecer de ocorrer a fecundação, mesmo que ela esteja tendo relação pela primeira vez. Uma vez só é suficiente para ocorrer uma gravidez.

— Se o garoto ejacular nas pernas da garota, ela pode engravidar?

O espermatozoide tem uma cauda, que dá movimento a ele. Se a ejaculação ocorrer na entrada da vagina, alguns espermatozoides podem percorrer o caminho e chegar ao útero, como falamos anteriormente. Cuidado!

— *Como podemos saber que a garota está grávida?*

A menstruação atrasa, aumenta a vontade de fazer xixi, os seios aumentam um pouco de tamanho e ela começa a enjoar, principalmente pela manhã. Mas só dá pra confirmar mesmo por meio de um exame de laboratório.

Para que os dois fiquem tranquilos, é importante usar um método anticoncepcional, que tem como função evitar a gravidez. Não adianta jogar com a sorte.

É mais tranquilo se prevenir do que descobrir que vai ser pai ou mãe, concordam? Nossa, para o garoto é pior do que seu time perder um pênalti no final do campeonato. E com a garota, vem logo a exclamação: *"Meu pai vai me matar!"*.

Para evitar esses contratempos, é importante conhecer os métodos contraceptivos e saber usá-los. Mas, antes, é fundamental que a garota vá ao médico ginecologista para esclarecer suas dúvidas e escolher o método mais adequado. Não entre nessa de utilizar o que a prima usa ou que a amiga indicou.

Vamos ver o que tem a nos dizer o médico ginecologista e sexologista **Dr. José Carlos Riechelmann**, que nos concedeu essa entrevista, respondendo a dúvidas de algumas garotas:

— *Como é uma consulta ginecológica?*

É uma consulta médica que serve para saber se os órgãos sexuais da menina são normais, se estão funcionando bem, e se ela pode usar qualquer método anticoncepcional, ou se existe algum método que ela não pode usar devido algum problema de saúde. Uma consulta ginecológica completa e bem-feita normalmente tem duas partes: primeiro o médico conversa com a garota para saber a história da saúde dela. Na segunda parte da consulta, acontece o exame ginecológico.

— *O que o médico vai me perguntar?*

O ginecologista vai começar a conversa perguntando o motivo da consulta. Aqui, neste caso, a garota vai dizer que deseja evitar a gravidez e quer saber do médico o que ela pode ou não pode usar. Claro que se também houver alguma queixa de saúde, alguma dor, alguma coceira, algum corrimento vaginal sujando a calcinha, algum problema com a menstruação, tudo isso tem que ser falado logo no começo da conversa, pois também são motivos da consulta.

— *O que eu posso e devo falar?*

Durante essa conversa de perguntas e respostas, é muito importante que a garota aproveite a consulta para falar com o médico sobre qualquer coisa que tenha vontade de saber, e também qualquer coisa que ela acha que deve falar, mesmo aquilo que ela não tinha muita vontade de contar para ninguém.

O médico é um profissional que tem uma obrigação por lei de manter sigilo das informações, o chamado "segredo médico". Por essa obrigação da lei, tudo que o médico escuta durante a consulta é segredo, que ele deve guardar só para ele, sem jamais tocar no assunto com nenhuma outra pessoa no mundo que não seja a própria paciente que contou a história.

—Ele vai me examinar?

Uma boa consulta ginecológica não é feita só de conversa. O exame do corpo da garota faz parte de uma consulta ginecológica completa, pois só examinando é que o médico consegue saber detalhes da saúde da paciente, coisas que nem ela conhece. Primeiro, o médico faz um exame clínico geral, que serve, por exemplo, para ver se a garota está com anemia, se tem um sopro no coração, ou alguma outra coisa da saúde geral. Depois começa o exame ginecológico, que é o exame das mamas e dos órgãos sexuais. Quando a garota é virgem, o ginecologista vai examinar as mamas, o abdome, e apenas vai olhar a vulva por fora, mas não vai fazer nenhum exame interno na vagina. Quando a garota já pratica sexo com penetração vaginal, então o exame ginecológico deve ser completo. Depois de olhar a vulva por fora, o ginecologista vai colocar um pequeno aparelho dentro da vagina da garota para poder enxergar o canal vaginal e o colo (entrada) do útero. Essa parte do exame é muito importante para ver se a paciente tem alguma ferida no útero. Esse tipo de ferida não dói e a garota nunca vai saber se tem ferida se o ginecologista não olhar lá dentro da vagina.

— Se eu não for mais virgem, ele tem que contar para minha mãe? E se ela perguntar?

Não, ele não tem, não pode e não deve falar da virgindade da paciente com a mãe ou qualquer outra pessoa que acompanha a garota. Se ela perguntar, o ginecologista deve explicar para a mãe que ele está obrigado a cumprir a lei do segredo médico, e que a mãe deve fazer a pergunta para a filha, e não para ele. Somente a garota pode falar da vida dela, tanto para a mãe como para qualquer pessoa. Quem não pode falar da vida da garota para ninguém é o médico. Por causa da lei que obriga o médico a manter segredo sobre o que a paciente falou e sobre o que foi visto durante a consulta, ele só pode falar sobre o que viu com a própria paciente.

O espaço dentro do consultório é um espaço de segredo, e só quem está lá dentro fica sabendo o que foi falado e visto no exame corporal. E quem tem o direito de escolher quem fica ou não fica dentro do consultório é a paciente. Isso quer dizer que a garota tem direito pela lei de escolher se quer ou não a mãe dentro do consultório na hora do exame. Se ela quiser que a mãe participe da consulta, tudo o que o médico falar a mãe vai ouvir, e o médico não tem culpa disso. Não dá para guardar segredo com a garota se a mãe estiver participando da conversa.

Se a menina quer manter segredo de sua vida sexual, a mãe não deve entrar na sala do médico e participar da consulta. Se a garota tem dificuldade de falar para a mãe para ela ficar esperando fora da sala de consulta, uma boa ideia é pedir para alguém avisar o médico que ela deseja fazer a consulta sem a participação dela. Se o médico for avisado, ele pode explicar para a mãe que ela deve aguardar na sala de espera enquanto a garota faz a consulta.

— **Depois dessa primeira consulta, de quanto em quanto devo ir ao ginecologista?**

Se a garota estiver com a saúde ótima, deve repetir a consulta ginecológica uma vez a cada ano, de preferência no mês que faz aniversário de um ano da consulta passada. Muitas doenças ginecológicas não são percebidas pela *paciente porque não doem nem incomodam. É importante o intervalo entre as consultas não ultrapasse um ano, para não deixar nenhuma doença piorar por falta de cuidados médicos. Se a garota não está com a saúde ótima, então o médico deve dizer a ela em quanto tempo deve acontecer a próxima consulta, que vai depender do tipo de problema de saúde que ela tenha.*

*— **Mesmo não transando regularmente, devo ir ao ginecologista?***

A garota que não transa, não sente nenhum incômodo físico, não tem queixa de nada no seu corpo, e sente que tudo no seu corpo funciona normalmente, não precisa ir ao ginecologista todo ano durante a adolescência. A recomendação de ir uma vez ao ano no ginecologista, para quem não se queixa de nada, vale a partir de 20 anos de idade. Se a garota está planejando começar a transar, não interessa a idade, ela tem que procurar um ginecologista, e de preferência ANTES da primeira transa, para receber orientação anticoncepcional e sexual. Assim, quando a primeira transa acontecer, já vai acontecer com segurança e alguma tranquilidade, sem muito nervosismo, e com proteção contra gravidez indesejada e Doenças Sexualmente Transmissíveis (DST).

Galera, o Dr. José Carlos Riechelmann é coisa à beça. Além de médico ele é terapeuta sexual, professor da Faculdade de Medicina da Universidade Cidade de São Paulo e Presidente da Associação Médica Brasileira de Sexologia. Muita coisa, não é?

Métodos anticoncepcionais

Antes de começar a falar sobre alguns métodos anticoncepcionais, vejamos o que diz a cartilha *Direitos sexuais, direitos reprodutivos e métodos anticoncepcionais*, do Ministério da Saúde (2006):

> *"[...] A responsabilidade dos homens em relação à saúde sexual e à saúde reprodutiva: na sociedade em que vivemos, as questões relacionadas à anticoncepção são tradicionalmente vistas como de responsabilidade exclusiva das mulheres.* **Entretanto, ninguém faz filho sozinho***... portanto, é fundamental o envolvimento dos homens com relação à paternidade responsável, à prevenção de gestações não desejadas, à prevenção das Doenças Sexualmente Transmissíveis, dividindo também com as mulheres com relação à criação dos filhos e à vida doméstica".*

Portanto, vocês, garoto e garota, não devem esquecer essas palavras e devem utilizar um método anticoncepcional, caso tenham vida sexual.

Esse compromisso e essa responsabilidade devem começar antes da primeira relação sexual, para evitar uma gravidez. O que acontece, no entanto, é que como as relações são esporádicas ou muitos adolescentes não assumem que transam, acabam não se prevenindo, resultando com isso um filho não esperado no pedaço.

Curiosidade

O diafragma (já vamos falar dele) foi criado em 1870 e o DIU em 1950. Há um bom tempo, não é?

A pílula foi criada em 1954, e no Brasil sua venda nas farmácias começou em 1962.

Encarar a questão de frente, procurar um médico ginecologista antes da primeira transa e escolher o método a ser utilizado, são as decisões mais acertadas.

Vamos falar aqui apenas de alguns métodos.

Alguns métodos de barreira

Esses métodos funcionam como uma barreira, impedindo o espermatozoide de entrar no útero, dessa forma evitando a gravidez.

Dois métodos de barreira vocês já conhecem, porque falamos no capítulo anterior: camisinha masculina e feminina.

O terceiro é o:

• **Diafragma**

O diafragma é uma capinha de borracha (um anel com boa flexibilidade), que deve ser colocado bem no fundo da vagina, alguns minutos antes da relação. Ele protege o colo do útero, funcionando como barreira para os espermatozoides não entrarem. Existem diferentes tamanhos de diafragma, e é o médico ginecologista, na consulta, que diz qual o mais indicado para a mulher.

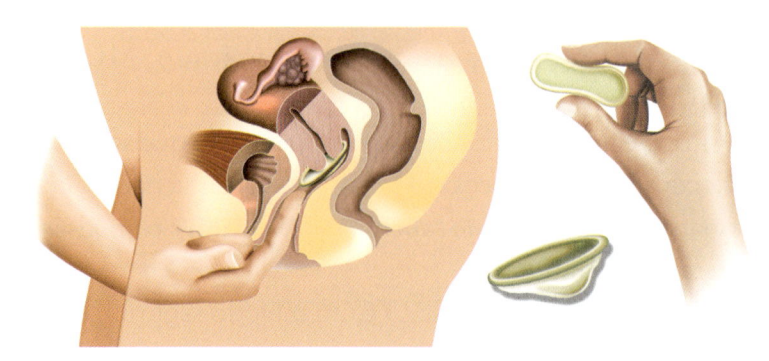

O diafragma deve ser utilizado com um creme espermicida em sua volta, na borda (por ser indicado para inativar o espermatozoide), e só deve ser retirado cerca de oito horas depois da transa. Ele pode permanecer no seu interior no máximo até 24 horas depois.

Métodos considerados naturais
• **Tabelinha**

É não transar no período fértil, quando ocorre a ovocitação (saída do ovócito do ovário). Isso porque, nesse período, pode ocorrer a fecundação.

Para utilizar a tabelinha como método, a garota precisa ter uma menstruação regular. Para saber se a menstruação é ou não regular, a garota deve ficar atenta por 4 a 6 meses e observar se não adianta ou atrasa por mais de 3 dias. E geralmente não é assim que ocorre na adolescência, quando a menstruação, no início, pode ser irregular.

A tabelinha NÃO é um método seguro.

• **Coito interrompido**

A garotada costuma utilizar muito esse método. Consiste em retirar o pênis da vagina antes de ejacular (gozar).

Sinal vermelho, porque é um método MUITO FALHO!

Porque é falho? Antes de ejacular, o líquido que sai do pênis e deixa a glande (cabeça do pênis) molhadinha pode conter espermatozoides — e como sabemos, apenas um é responsável em engravidar a mulher.

O coito interrompido NÃO é um método seguro.

Métodos hormonais
• Pílula

É um comprimido a base de hormônios, semelhantes aos produzidos pelos ovários da mulher.

Lembra que falamos no Capítulo 2, que todo mês sai, de um ou outro ovário, um ovócito e que se ele se encontra com o espermatozoide ocorre a fecundação? O papel da pílula é não deixar que o ovócito seja liberado pelo ovário. Como isso, não ocorre a gravidez.

A pílula deve ser tomada diariamente. A mulher deve começar a tomar no quinto dia da menstruação (não importa se ainda continua descendo), sempre no mesmo horário. Quando acaba a cartela, 2 a 5 dias depois vem a menstruação. Aí começa a tomar de novo...

A pílula é considerada o método mais eficaz que existe. Mas o adequado é a dupla proteção: camisinha + pílula.

Lembrando sempre: antes de iniciar a vida sexual e utilizar um método anticoncepcional, a garota *tem que* consultar um médico ginecologista.

• Injetáveis

São injeções que têm hormônios parecidos com os produzidos pelos ovários. A sua ação é parecida com a da pílula.

Existem dois tipos de injetáveis: as mensais (aplicadas uma vez por mês) e as trimestrais (a cada três meses).

As injeções de baixa dosagem hormonal são indicadas para a garotada jovem. Mas, como todo método, tem que seguir à risca e, nesse caso, tomar a injeção no dia certo.

Mas, atenção: só o seu médico ginecologista pode receitar as injeções anticoncepcionais a você.

Método que vai dentro do útero – Intrauterino
• **Dispositivo Intrauterino (DIU)**

É um método anticoncepcional que vai dentro do útero e só pode ser colocado pelo médico.

Dos tipos que existem, o que tem o formato da letra "T" é o mais usado no nosso país. Sua estrutura é de plástico, com uma ou algumas partes cobertas de cobre.

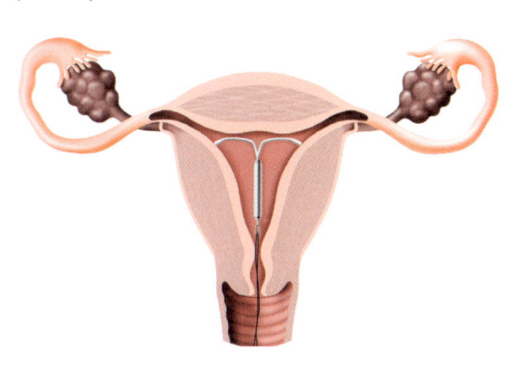

Sua ação é inativar os espermatozoides e, assim, impedir seu encontro com o ovócito.

O DIU pode ficar no útero de 3 a 5 anos e, dependendo da qualidade do cobre, até 10 anos. Mas é fundamental a visita frequente ao ginecologista para que o médico possa fazer o acompanhamento.

De modo geral, não é indicado para mulheres que ainda não tiveram filhos, e seu uso vai depender de outros fatores, como quantidade do fluxo menstrual, se a mulher tem muita cólica etc. Sua eficácia é semelhante à da pílula.

Métodos cirúrgicos (ou definitivos)
Também conhecidos com Métodos de Esterilização

Como são métodos definitivos (porque a chance de reversão é muito pequena), a pessoa deve pensar muito bem antes de fazer uso do método. Ele é indicado para pessoas adultas com filhos e conscientes de que já "encerram a fábrica", como se diz popularmente.

> **Tá ligado?**
>
> A Lei do Planejamento Familiar só permite a realização de vasectomia e ligadura tubária em homens e mulheres com capacidade civil, com idade acima de 25 anos e que tenham pelo menos dois filhos vivos.
>
> Outra coisa: para realizar a cirurgia, é preciso um prazo de 60 dias a partir da data que foi demonstrada a vontade de fazê-la.

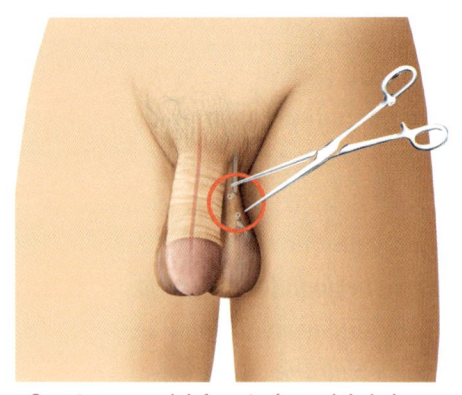

O corte no canal deferente é nos dois lados

A vasectomia é a cirurgia utilizada para os homens.

A ligadura de trompas ou laqueadura é a cirurgia utilizada para as mulheres.

• **Vasectomia**

Vamos relembrar o Capítulo 2, quando falamos do canal deferente:

"Quando o homem está excitado, com o pênis ereto, e vai ejacular, os espermatozoides caminham pelos **canais deferentes** *(cada um sai dos dois testículos) e se juntam com o líquido produzido pelas* **vesículas seminais** *e pela* **próstata***, que são duas glândulas. É esse líquido que vai formar o esperma".*

Agora vamos ver como é a vasectomia.

Nessa cirurgia são cortados esses canais deferentes, com isso impedindo que os espermatozoides saiam dos testículos para se encontrar com o ovócito — ou seja, não ocorre a fecundação (gravidez).

• **Ligadura de trompas ou laqueadura**

Vamos aqui também relembrar o Capítulo 2:

*"Todo mês, no ciclo menstrual, um **ovócito** amadurece (que você também pode conhecer como óvulo) e sai de um ou outro **ovário**. As mulheres têm dois ovários, um de cada lado das **tubas uterinas** (trompas de falópio).*

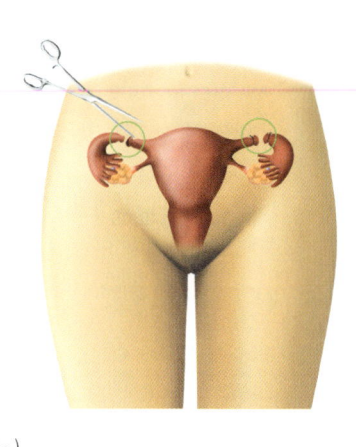

No final das tubas uterinas tem algo que parece uma franja: são os cílios. Todo mês esses cílios pegam esses ovócitos amadurecidos e levam até uma das tubas uterinas.

Cada mês é um ovário e uma tuba uterina que trabalham.

Quando a mulher tem relação sexual no período fértil (quando existe maior chance de engravidar) e o ovócito encontra com o espermatozoide, ocorre a fecundação, ou seja, a mulher engravida."

Depois de relembrar, vamos ver como é a ligadura de trompas ou laqueadura:

> **Papo para escola**
>
> O professor de Português pode passar uma redação sobre "Qual a expectativa de garotos e garotas na primeira vez".
>
> Na aula de Ciências/Biologia, o professor pode aproveitar e trabalhar os métodos anticoncepcionais.
>
> Como se dá a gravidez (o índice) em diferentes regiões do nosso país é um tema que pode ser trabalhado pelos professores de Geografia e Matemática ou estatística.

Na cirurgia, essas tubas uterinas são amarradas e cortadas, com isso impedindo o ovócito de se encontrar com o espermatozoide.

Outras tribos

Como temos falado aqui no livro, a sexualidade — e essa conversa inclui também a discussão sobre a primeira vez, a virgindade e os métodos anticoncepcionais — muda muito de acordo com a cultura. E cada país ou continente tem seus hábitos, tradições e costumes, de acordo com a sua realidade.

Vamos ver como acontece a vivência da sexualidade em outras culturas. É bem diferente do jeito que se dá aqui no nosso país e, muitas vezes, não conseguimos nem imaginar a gente passando por esses rituais. Mas, para eles, é tudo muito natural.

Cinto de castidade

Cinto de castidade é um assunto polêmico até para os historiadores: há quem afirme que eles nunca existiram.

Por outro lado, há registros do seu uso a partir do século XV, na Itália.

O que é o cinto de castidade? É um acessório, um cinto com uma tranca que cobria a vulva, só que de ferro, colocado na mulher, que impede a penetração e a masturbação.

A relação entre o uso do cinto de castidade e as práticas religiosas cristãs podem ser verificadas pelo seu uso em diversos mosteiros e conventos na Idade Média. Naquele tempo os homens viajavam muito — fosse para lutar nas Cruzadas ou em viagens para conquista de novas terras — e ficavam meses e até anos fora de casa. O cinto assim era usado como forma de evitar que as esposas fossem tentadas a ter uma relação extraconjugal "e atiradas ao inferno pelo pecado da luxúria".

Para estimular o uso do cinto, os homens faziam deles verdadeiros presentes: muitos mandavam confeccionar os cintos em prata ou ouro e assim os transformavam em joias.

Mas o cinto de castidade também poderia ser colocado em uma filha ou na "prometida" e usado indefinidamente. Como apenas o homem possuía a chave, caso ele morresse, a mulher ficava "trancada" para o resto da vida.

Capítulo 7

Tribo da diversidade

Vamos começar este capítulo falando dos dados de uma pesquisa para que possamos refletir muito seriamente.

Você já ouviu falar da Unesco, um órgão internacional que trabalha com questões de educação, ciência e cultura? Caso não, o site deles é: www.unesco.org.br. Vale a pena conferir!

Em 2004, pesquisadores da Unesco fizeram uma importante pesquisa com mais de 15 mil jovens de diferentes capitais brasileiras. Dos resultados de diferentes temas, constatou-se um grande preconceito contra os homossexuais.

Para vocês terem uma ideia, ¼ dos colegas indicaram que não gostariam de ter como colegas garotos homossexuais. E nessa avalanche de preconceitos, os rapazes discriminam mais do que as moças.

E não para por aí não. Os pais têm até mais preconceitos quando o papo é esse e, num percentual maior, dizem que *não gostariam que homossexuais fossem colegas de escola do seu filho*.

Vamos bater um papo só nós três (nós dois aqui e você):
• O que você acha desses resultados?

- Você tem preconceito? Caso sim, de quê?
- Se aquele seu amigo do peito ou sua amiga de altos papos, que já dormiu na sua casa e com quem você já foi junto pra baladas, dissesse ser homossexual, qual seria sua reação?

Mesmo tendo sido realizada há alguns anos, o resultado da pesquisa continua bem atual. O que continuamos a ver por aí são pessoas muito preconceituosas e que têm dificuldade de conviver e aceitar as diferenças.

Nós vivemos numa sociedade muito preconceituosa em relação à raça, à religião, à classe social e com pessoas que têm algum problema físico (deficiente visual, cadeirante, surdo, mudo etc.). Muita gente lida com indiferença, como se não fôssemos todos iguais.

É importante entender que diferença não significa desigualdade!

Só que quando esse papo é em relação ao sexo, a coisa fica mais delicada ainda.

Veja só: se para tudo que falamos existem leis que protegem, ou, quando não, há a solidariedade das pessoas, em relação à homossexualidade o que existe que os protejam? Muitos projetos e discussões, mas na prática nada de concreto!

As pessoas sentem o direito de julgar, humilhar, maltratar, espancar e até matar só porque o cara tem um desejo sexual diferente do dele. É mais ou menos assim: a pessoa julga, decide e executa.

O nosso papo aqui no capítulo é sobre homossexualidade. Mas, se mudarmos de assunto, até aquela garota da escola, se for muito "assanhadinha" (como diria nossos avós), logo é classificada como *"periguete"*, do tipo que dá mole para os garotos, rotulada como a menina que está ferrada por causa da imagem que fazem dela. Quer dizer, mais uma vez estão julgando, como se qualquer um de nós tivesse esse direito.

> **Tá ligado?**
>
> Esse negócio de julgar a pessoa pelo que ela é por fora é a maior furada! Vemos se a pessoa é legal ou não pelo que ela é de verdade, não pela cor da pele, pela orientação sexual etc.

Galera: pense nisso e vamos respeitar as pessoas do jeito que elas são, em todas as suas escolhas e diferenças.

Se você olhar pra sua turma, vai ver que, entre seus colegas e professores, nenhum deles é igual ao outro. Se olhar para a família, os pais também são diferentes: alguns são casados, separados, viúvos e por aí vai. Se pensar nas escolhas, vamos encontrar os que são fã de Exaltasamba, J. Quest, Zeca Pagodinho, Ana Carolina, Preta Gil ou Banda Fozz. E é exatamente essa diferença que forma uma sociedade. As pessoas são diferentes, vivem e fazem escolhas que pode não ser a de cada um de nós.

Voltando ao nosso tema, vamos entender melhor como é isso:

Homossexuais são homens ou mulheres que têm desejo sexual e amoroso por alguém do mesmo sexo.

Heterossexuais são homens ou mulheres que têm desejo sexual e amoroso por alguém do sexo oposto.

Bissexuais são homens ou mulheres que têm desejo sexual e amoroso pelos dois sexos.

Essas histórias se constroem com a pessoa e crescem com

ela, no desenvolvimento da sua sexualidade, do mesmo jeito que a personalidade e a linguagem.

"Marcos, David, o que vocês querem dizer com isso?"

Estamos dizendo que não é uma escolha. O garoto não escolhe ser heterossexual, do mesmo jeito que o colega não escolhe ser *gay*.

Com isso, queremos esclarecer outra questão equivocada: não é opção sexual, como dizem, exatamente porque ninguém escolhe a sua sexualidade, o desejo que vai ter.

É assim: o garoto pode escolher namorar a garota da turma do 9º ano ou do 1º ano do ensino médio. Isso sim é uma escolha. Mas, antes disso, ele já sabe que gosta de garota. Gostar de mulher não foi uma escolha, foi se desenvolvendo ao longo dos anos.

Com o cara que é homossexual é do mesmo jeito: ele não sabe por qual motivo gosta, desde pequeno, de alguém do mesmo sexo. Não escolheu. A escolha vai ser com que garoto ele vai "ficar" ou namorar.

"Se não é correto falar opção sexual, como se fala?"

O correto é **orientação sexual**. Vamos explicar melhor.

Orientação sexual é o mesmo que atração, é o que chamam de tesão, o que faz as pessoas quererem estar juntas e terem uma relação sexual.

Podemos dizer, então, orientação heterossexual, homossexual e bissexual. O que significa cada uma você já sabe.

"Marcos, David, tem mais uma dúvida: o cara que é 'boiola' tem vontade de ser mulher e a 'sapatão' tem vontade de ser homem?"

Antes de responder, vale dizer uma coisa: essas são algumas das expressões ofensivas que as pessoas utilizam para se referir a homens e mulheres homossexuais.

É um desrespeito? Sim e é muito feio agir assim. Se você não consegue conviver com uma pessoa que pensa diferente de você no que se refere ao sexo, como vai ser quando crescer e sair para o mercado de trabalho? E se seu chefe for gay?

Ou, outro exemplo: se a pessoa é racista e dono da empresa for negro, vai fazer o quê? No mundo, as pessoas não são iguais. E aí, vai sair bicando todo mundo porque não consegue tolerar?

Em relação a sua pergunta, a resposta é não. E para você entender melhor, fomos buscar mais informação, apresentando agora o conceito de **identidade de gênero.**

Curiosidade

As mulheres homossexuais também são chamadas de lésbicas. Essa palavra tem origem na ilha grega Lesbos, onde a poeta Safo, que viveu por lá há 2.600 anos, falava em suas poesias do amor e paixão entre as mulheres.

"Caraca, aí complicou!"

Complicou nada, é simples. Identidade de gênero (ou identidade sexual) é o sentimento interno que cada pessoa tem de si mesma, o que ela acredita que é, homem ou mulher.

— Você se sente como homem? Sua identidade de gênero é masculina.

— Você se sente como mulher? Sua identidade de gênero é feminina.

Quando você vai pro colégio ou sai com os amigos, você não leva sua carteira de identidade? Ela serve pra quê? Para identificar você, não é isso?

A identidade de gênero é a mesma coisa, só que identifica você em relação a sua sexualidade. Ela se desenvolve na infância, quando a pessoa é pequena, por volta dos três anos de idade, paralelamente ao desenvolvimento da personalidade (o jeito de ser de cada um) e quando a criança está aprendendo a linguagem.

- Em relação aos homossexuais, o cara é homem (identidade de gênero masculina), só que gosta de se relacionar (orientação sexual) com uma pessoa do mesmo sexo. Não é porque gosta de homem que quer ser mulher.

- Com a mulher é a mesma coisa: a garota é mulher (identidade de gênero feminina), só que gosta de se relacionar (orientação sexual) com uma pessoa do mesmo sexo. Não é porque gosta de mulher que quer ser homem.

Para você ter mais informações, vamos ver como acontece com as pessoas heterossexuais e bissexuais.

Heterossexuais
- O cara é homem (identidade de gênero masculina), gosta de se relacionar (orientação sexual) com uma pessoa do sexo oposto, ou seja, mulher.

- A garota é mulher (identidade de gênero feminina), gosta de se relacionar (orientação sexual) com uma pessoa do sexo oposto, no caso, homem.

Bissexuais
- O cara é homem (identidade de gênero masculina), gos-

ta de se relacionar (orientação sexual) tanto com mulher quanto com homem. Não é porque gosta dos dois sexos que ele quer ser mulher.

• A garota é mulher (identidade de gênero feminina), gosta de se relacionar (orientação sexual) tanto com homem quanto com mulher. Não é porque gosta dois sexos que ela quer ser homem.

Tem mais uma coisa: o jeito de a pessoa ser, com atitudes femininas e masculinas, como falamos no Capítulo 3, é o que chamamos de gênero ou **papel de gênero**. Isso significa que não é por ser homossexual que o cara vai ter trejeitos femininos ou a garota um jeito masculinizado.

Vamos explicar melhor.
Podemos encontrar um cara que bate um bolão ou é campeão de luta, ele sabe que é homem e não tem nenhuma dúvida a respeito disso (identidade de gênero masculina), é bem machão (papel de gênero masculino) e, no entanto, é homossexual (orientação sexual). E ter outro homem com um jeito mais delicado (papel de gênero feminino), que por isso a galera chama de "bicha" e, no entanto, é heterossexual.

Podemos também ter uma garota que sabe que é mulher e não tem dúvidas disso (identidade de gênero feminina), é superdelicada e feminina, como uma bailarina clássica (papel de gênero feminino) e, no entanto, é homossexual (orientação sexual). E outras que têm um comportamento considerado masculino até pela própria profissão — como a personagem Griselda no início da novela *Fina Estampa* (TV Globo, do autor Aguinaldo Silva, no ar entre 2011/12) — e, no entanto, é heterossexual.

Foi difícil de entender? Caso tenha ficado alguma dúvida, leia de novo ou releia junto com colegas e depois façam uma discussão sobre o assunto, vendo o que cada um pensa a respeito, quem tem preconceito e como lida com isso.

Converse também com seu professor para realizar um debate sobre esse assunto na sala de aula.

"Homossexualidade é doença?"

Não é doença, nem mesmo falta de um corretivo quando criança, ou vergonha na cara.

Já vimos como se dá essa história, e esse papo é tão sério e verdadeiro que médicos e psicólogos também não a consideram como doença. Sendo assim, não tem tratamento. Vai tratar o quê?

"Como a sociedade e os colegas encaram?"

Ao longo da história, esse assunto sempre esteve presente na sociedade e, em algumas épocas, com plena aceitação social e como algo normal nas famílias.

1. O jesuíta padre Manoel de Nóbrega relatava que muitos colonos tinham índios como "mulheres".

2. Na Grécia Antiga, era algo que fazia parte da "formação" desses homens.

Nova era das diversidades

Mas ao longo da história foi mudando muito. A sociedade e a escola ainda não estão preparadas para lidar com as diferenças, sejam elas de qualquer espécie. Já houve, sim, um grande avanço, mas ainda podemos ver, dentro e fora da escola, homossexuais, *grunges*, nordestinos, negros, sofrendo preconceitos absurdos, que demonstram o quanto estamos despreparados para esta nova "era das diversidades".

Há uma cultura de preconceitos em nosso país. Todos sabemos isso é histórico, que herdamos isso há muitos anos, quando negros eram escravizados e os gays não tinham vez na sociedade. Estamos no século XXI, e ainda há pessoas que ruminam estes preconceitos e fazem questão de mostrá-los. Não devemos alimentar este tipo de ideias, mas questioná-las, combatê-las e mostrar que pode ser simples aceitar as diferenças e viver em paz.

Essa aceitação e busca pela paz é fundamental, pois existe em grande parte do mundo muita falta de tolerância e leis que garantam os Direitos Humanos de todos, sem distinção. Para vocês terem uma ideia, encontramos 75 países que criminalizam a homossexualidade com cárcere e, dentre esses, 7 países punem os homossexuais com a pena de morte. Dá pra acreditar nisso?

No nosso país não chega a tanto, mas é crescente o número de pessoas que são assassinadas por causa da sua orientação homossexual.

É importante que você saiba que esses desejos não são tão rígidos e a atração sexual não é algo definitivo, que não tolera mudanças. Pode, sim, mudar ao longo da vida.

Nas experiências da adolescência, podemos encontrar algum garoto que num determinado momento sinta atração ou tenha uma experiência sexual com um colega. Essa vivência não significa que esse cara é ou será homossexual. Não é para ficar bolado! Para alguns, essa etapa pode ser mais uma entre tantas para chegar à idade adulta. Com as garotas acontecem experiências semelhantes, só que com menos intensidade, porque o sexo é muito mais estimulado e incentivado para os homens do que para as mulheres.

O preconceito da convivência

Galera: vamos voltar à pesquisa da Unesco de que falamos no começo deste capítulo?

Dos resultados, muitos garotos disseram não ter preconceito, desde que...

"*O homossexual se mantenha longe.*"

"*Não se aproxime.*"

"*Não insinue que ele possa ser igual, um parceiro...*"

"*Rapaz, eu sei de uma coisa, se você quer ter um amigo homossexual pode ter, mas não dê abertura não! Não abra, porque ele entra mesmo. Eu nunca gostei de ficar perto de homossexual, não.*"

> **Tá ligado?**
>
> Caso você esteja passando por algum preconceito, não deixe que essa mágoa vire uma água parada, como uma poça d'água nos seus olhos. Reaja, lute pelo que acredita, não deixe que fiquem te zoando!

Os garotos, mais do que as meninas, se sentem muito ameaçados. Isso porque se a turma o vir andando ou tendo amizade com um cara gay, pode achar que ele é também.

É uma insegurança muito grande em relação à própria sexualidade, além de uma expressão do próprio preconceito.

Podemos comparar com algumas outras questões da nossa sociedade, por exemplo, pessoas que dizem não ter preconceito com pessoas negras, gordas, muito magras ou qualquer outra coisa considerada diferente. Só que basta uma oportunidade para cada um vir com piadas de mau gosto e cheias de discriminação.

É o "rolha de poço", "espanador das nuvens" ou "é preto, mas tem alma de branco", ou seja, só maldade e uma forma de humilhar e inferiorizar as pessoas.

Ninguém gosta de ser discriminado: seja pela sua raça, condição social, religião, tipo físico ou orientação sexual.

Como você se sentiria se alguém te discriminasse, zoasse ou fizesse se sentir inferior por alguma característica sua?

Caso isso aconteça, procure ajuda: dos pais, de um parente em quem você confia ou de um professor que pode orientá-lo. E falar desses assuntos em casa, com pai e mãe, pode ser muito bacana para a relação de vocês — até porque eles são as pessoas que mais querem o nosso bem.

— Marcos, David, na minha sala tem um colega que é gay. Isso não é natural, não é?

Cara, o que é normal? Como estamos vendo aqui no livro, o que é natural para uns, pode não ser para os outros. No fim da história, quem determina a vida é a própria pessoa, com o que ela vai querer fazer de tudo que é, vivenciou e gosta.

O normal, mesmo que incomode a todo mundo, é que cada pessoa tem a sua sexualidade, e por mais incômodo que isso traga, ela não vai mudar por causa disso. O que adianta agradar você e ser infeliz, sendo o que não é?

Em todo fim de capítulo estamos dizendo como a sexualidade se dá em outra cultura, não é mesmo? Essas informações podem ajudar a esclarecer um pouco o que é natural ou não.

— Nas novelas estão aparecendo muitos gays...!

É verdade e isso acontece porque a novela retrata, em parte, a sociedade que a gente vive. Por isso temos gays, heterossexuais, professores, gente do bem, gente mau caráter, jovens rebeldes e outros que estão passando pela separação dos pais. Então, tudo isso que encontramos na nossa escola, rua em que moramos ou dentro da nossa família, também pode estar na novela.

Essa questão surgiu algumas vezes nos grupos com quem conversamos nas escolas, com adolescentes assim da sua idade, e muitos se mostraram incomodados com isso.

O que incomoda na telinha que está a sua frente? É uma realidade que não quer ver?

— *O problema é que estes caras cantam muito a gente!*

Isso é muito chato mesmo! Mas também é chato quando a garota não está a fim e o cara não se manca. Ou quando a garota fica insistindo em "ficar" com o garoto, mesmo sabendo que ele não está ligado nela.

Nessas horas, é só dizer que não é "sua praia" e deixar pra trás.

Homofobia

É a expressão usada para o comportamento de algumas pessoas em relação aos homossexuais, que incluem ódio, humilhação, desrespeito, violência física e assassinato.

Aí a gente pergunta: o que eles fizeram para ser agredidos assim? Nada, apenas tem uma orientação sexual com que o agressor não concorda e esse, por sua vez, se sente no direito de "finalizar" o cara. Isso é justo?

Se partirmos para a violência e intolerância no jeito de agir toda vez que uma coisa não nos agrada ou incomoda, onde vamos parar? As pessoas vão sair se matando no meio da rua?

Você não gostar é seu direito. Você não querer ficar perto é uma decisão sua. Você respeitar é sua obrigação.

Papo para escola

Converse com seu professor de História e peça para ele falar com vocês sobre como a homossexualidade era vista em diferentes momentos da história da humanidade.

Na aula de Português, que tal uma redação sobre preconceito e intolerância?

Com o professor de Geografia, é possível identificar em que países a homossexualidade é criminalizada e quais punem com a pena de morte. Os dados podem ser reunidos num gráfico com a ajuda do professor de Matemática.

O professor de Artes pode fazer uma campanha na escola com o tema "Fim da intolerância e a construção de uma cultura pela paz". Nesse caso, pode associar aos mais diferentes temas carregados de preconceito, como o racial, sexual, de classe social, religioso e outro que a turma decidir incluir.

Outras tribos

Como temos falado aqui no livro, a sexualidade — e essa conversa inclui também a discussão sobre diversidade e homossexualidade — muda muito de acordo com a cultura. E cada país ou continente tem seus hábitos, tradições e costumes, de acordo com a sua realidade.

Vamos ver como acontece a vivência da sexualidade em outras culturas. É bem diferente do jeito que se dá aqui no nosso país e, em muitos casos, não conseguimos nem imaginar a gente passando por esses rituais. Mas, para eles, é tudo muito natural.

Homossexualidade na história

Muito se fala sobre a prática da homossexualidade entre os gregos da Antiguidade. Na verdade, a Grécia antiga era dividida em cidades-Estados, com normas de conduta, estrutura política e social variando de uma para outra.

Apenas uma coisa pode ter sido geral: para os gregos, as mulheres tinham unicamente a função de reprodução e eram consideradas seres inferiores. Portanto, era inadmissível imaginar que o homem (mesmo numa relação sexual) ocupasse a posição passiva de uma mulher.

Ao completarem 12 ou 13 anos, os meninos deveriam ser "galanteados" por homens mais velhos e, se aceitassem as investidas, manteriam uma relação homossexual. Esse tipo de relação tinha um caráter muito mais pedagógico que propriamente sexual. Cabia ao homem mais velho ensinar ao jovem ciências, táticas de guerra e filosofia. Ao completar 18 anos, essa relação terminava e apenas a amizade era mantida.

Capítulo 8

A Tribo se despede... Mas logo está de volta!

Passou rápido, não é? É isso aí galera, por mais clichê que possa parecer, anota aí o que vamos dizer: você faz parte agora deste nosso livro e isso nos deixa muito felizes e entusiasmados para escrever mais e mais...

Já estamos no final do livro, mas não desta história: a sexualidade vai estar presente vida afora, por toda sua vida. O que vai fazer com ela, só depende de você!

Acreditamos que as informações que estão no livro e todas as reflexões que provocamos são importantes para que você encare o corpo e a sexualidade de forma mais saudável e sabendo se cuidar. A conversa da camisinha não pode ficar fora desse papo.

Prevenção é a palavra de ordem quando o assunto é sexo — e, na adolescência, quando a garotada acha que *"isso nunca vai acontecer comigo!"*, é mais importante ainda.

Quando pintar os momentos de dúvidas e as situações difíceis, parecendo que uma mão gigante apertou o seu coração, lembre-se da música *Tente outra vez*, do compositor e cantor Raul Seixas. Não conhece? Pesquise na internet: essa será a primeira tarefa para quando terminar este livro.

Tente sempre, aprenda sem parar, e quando achar que alguma coisa não está em sintonia e pintar dúvida sobre uma informação ou outra, leia o livro de novo. A cada leitura você pode ter um olhar diferente da primeira vez, que pode ter passado despercebido. Cada pessoa tem um *tempo* diferente e às vezes precisa "digerir" o texto mais lentamente.

A conversa com os amigos, as dicas sugeridas aqui e que você pode levar para a escola, a abertura do espaço em casa para conversar, tudo isso junto pode te ajudar muito.

O diálogo com outras pessoas ajuda na troca de ideias, e o que a pessoa não consegue enxergar, pode ser mais fácil pra quem está de fora. Mas, claro, também depende de você para que as coisas aconteçam.

A sexualidade faz parte da intimidade de cada pessoa e nem sempre é fácil lidar com esse assunto. Mas a adolescência, quando ocorrem tantas transformações, talvez seja o momento ideal para conhecer um pouco mais sobre esse assunto, que tanta gente tem vergonha de falar a respeito e acha que não é papo para os jovens.

Por que ter vergonha de falar do que Deus não teve vergonha de criar? E se não conversarmos com vocês agora, nessa fase, quando a sexualidade se apresenta de forma mais intensa, quando será?

Mas não esqueça uma coisa: aprender é super importante. Mas não é só isso, você precisa transformar o que aprendeu em atitude, colocar em prática.

O que significa isso?

Marcos Ribeiro e David Lucas

É ter atitudes positivas, de prevenção; respeitar as pessoas; não ter preconceito com quem quer que seja; saber que homens e mulheres têm os mesmos direitos e que ninguém deve fazer o que não gosta apenas para satisfazer a outra pessoa. Limite, galera, é a gente que dá!

Se o livro **Tribo Adolescente** te ajudou com informação, esclareceu suas dúvidas e trouxe pontos importantes de reflexão, então nós, os dois autores e a Editora Planeta, ficamos com a sensação de missão cumprida.

O que queremos é que vocês sejam um garoto e uma garota bem bacana, podendo aproveitar a vida com tranquilidade, felicidade e responsabilidade.

Já que você tem informação agora, ajude outros colegas. O papo de adolescente falando para adolescente é um dos caminhos para a gente democratizar a informação, que é um direito de todos.

Estamos no finalzinho desta conversa. Agradecemos muito a leitura e esperamos que este livro tenha te ajudado a tirar várias dúvidas, assim como nós aprendemos ao longo de sua construção.

Tchau! Logo estamos de volta, em outro livro, para continuar nossa conversa, esperando que você esteja com a gente, porque a sua presença é o melhor desse papo.

Marcos Ribeiro e David Lucas

Este livro foi composto em Helvetica Neue,
Horley Old Style e Y2K Neophyte,
para a Editora Planeta do Brasil
em abril de 2012.